尼ヶ崎彬セレクション④

ことばと身体

尼ヶ崎彬

花鳥社

私にことばを教えてくれた
詩人にして母　尼ヶ崎涼香へ

『ことばと身体』目次

五　「身にしむ」言葉――制度的意味と受肉した意味　161

六　「なぞり」の方略――レトリックと身体　197

元本は勁草書房から一九九〇年に刊行されましたが、本書では一部改訂を施し、「『セレクション版』のためのあとがき」にその後の考察を補足して、公刊するものです。

序

隠喩をはじめとするレトリックが一切用いられていない文学作品は、あるとしてもかなり珍しいであろう。けれども学者の論文の場合、話は逆になる。それどころか、隠喩を見て眉をひそめる人さえ少なくない。一九五四年マックス・ブラックは現代隠喩論の出発点となった論文を発表したが、それはこんなふうに始まるのである。

哲学者が使った隠喩をことさらに取り上げてみせるなら、それは論理学者の原稿を『字がお上手で』と褒めるようなもので、相手を馬鹿にしているのである。隠喩を使わなければ言えないくらいなら初めから沈黙せよという原則があり、そもそも隠喩を使いたがる方が間違いということになっているのだ(1)。

このような隠喩への差別的態度はどこから来ているのであろうか。たぶん、文学作品とは何かについて人々が暗黙の合意をもっているように、論文についてもまた次のような暗黙の合意をもっているからである。

「論文とは、客観的な事実のみに基づき、論理的な推論のみに導かれて、なんらかの真理を主張するものである」

隠喩は確かに非論理的である。いや、隠喩のみならずレトリック一般が、しばしば非論理的な主張を正当化するためのトリックとして用いられてきた（そして今も用いられている）のも事実である。つまり、客観性と論理性という論文の二つの柱のうち、論理性を脅かすがゆえに、隠喩やレトリックが嫌われているわけである。

もう一つの柱である客観性を守るためにも、また禁忌がある。個人的な経験や主観的な印象に基づいて論をたてることがそうだ。だから普通の学者は、論文の中で私的な事件や感想を告白したりはしない。

こうして現在、折り目正しい論文は、芸術を論じても自身の感動を語らず、レトリックを論じても自らはレトリックを用いない。さもないと論の客観性と論理性が保証されないからである。しかし、この「客観性」と「論理性」とは神聖不可侵なものであろうか。あの暗黙の合意は、はたして十分な根拠があるものだろうか。

もちろん私は、客観的かつ合理的であろうとする従来の方法論を貶めるつもりは毛頭ない。それは例えばレトリック研究においてもグループμの『一般修辞学』のような見事な成果を生みだした。彼らは言語の相を分け、成分を分析し、因子の削除・付加などの操作がいかなるレトリックの形式を作るかを、極めて精細にしかも包括的に解明してみせた(2)。発表後たちまち数ヶ国語に翻訳され、近頃もっとも成功した修辞学書と言われるこの本を読んで、その鮮やかな手際に目を瞠りながら、しかしなお釈然としない思いの残るのはなぜであろうか。その感想を一言で言えば、これではレトリックの力がわからない、ということである。彼らの厳密な解析は、言葉の操作形式のレベルにとどまっている。だが私たちがレトリックに関心をもつのは、第一に詩的言語がもたらす感動や驚きや快感のためではないのか。『一般修辞学』はこの主要関心に一向に触れてこないのである。むろんこの言い分はないものねだりであって、グループμの研究動機は別の所にある。彼らは、自らの目的については十分な成果を収めたと言うべきであろう。

しかし、私は信ずるのだけれども、アリストテレス以来学者がレトリックに関心をもつ時、多くの場合その興味の第一は、それが人の心を動かすという所にあったのではあるまいか。ところが、西欧のレトリック論はやがて文彩論に、さらに譬喩論に縮小し、ついには専ら、「A」の語がなぜか「B」を意味するという転義現象を主題とするに至った。これには多分、二十世紀後半の言語理論のめざましい発展が研究者に大きな武器を与えたという事情が絡んでいるだろう。新兵器が手に入ればこれでレトリックを料理してみようと考えるのは当然だし、実際、文芸評論家の曖昧なエッセイとは比較にならぬ成果をあげたのである。しかし、逆に見れば、この新兵器が料理できる領分にばかり目を向けていたのではあるまいか。

言語の統辞論や意味論を超えて、レトリックが人の心に喰い込んだり揺さぶったりという現象を主題にしようと思えば確かな出発点は自分自身の経験しかない。これはつまるところ私的なものであって、他人も同じ経験をもつだろうとは当てにできない。このことはレトリックに限らず、美的経験という私的なものを論じようとする時、常に出会う難点であって、美学のテーマの一つでもある（例えばカントはこのために「主観的普遍妥当性」などという一見撞着語法めいた概念をたてる）。そこで多くの学者は、私的な経験に出発しながらこれを隠し、その上ずみを抽象して客観的な命題を立て、これをもとに論を進める。このようなレトリック論はなるほど論理的ではあるけれども、必ずしも説得的ではない。そして振り返ってみれば、読者である私が本当にその論に納得できたと思える時とは、多くの場合実際の詩を一篇取り上げて説明してくれた時であった。そのような時私は、著者がその詩に感じたものを今私も感じているのだと思い、その〈感じ〉の説明として著者の論理を解釈し、やっと著者の〈言いたいこと〉が腑におちる気がするのである。とすれば、私的な感想（何なら感動）を共有し、それを土台にしなければ、レトリックの中心的問題を論じることはできないのではなかろうか。それはいわゆる「科学的」な客観性をもたないかもしれない。しかし、著者と読者の二人がその私的な感想を共有していることさえ信じることができれば、何事かを伝達するには十分ではないのか。そして考えてみれば、このような伝達の方法をとることは、既に一種のレトリックの採用であると気がつく。レトリックを語るのにレトリックを用いるのは理由のあることなのかもしれない。

たとえば緻密な言語学者の分析を読んだあとで詩人の書いたエッセイを読む時、同じ問題を語って余りに曖昧素朴であるのに驚く。しかし、この曖昧素朴な文の方が、精密な議論よりもむしろ刺激的であったり、「象徴」や「隠喩」についてよくわかったような気になるのはなぜであろうか。多分、言語学者と違って、詩人たちはレトリックを巧みに用いているからである（そして、なぜレトリックを使う曖昧な文の方が、正確な論述よりもよくわかったような気になるのかは、言語学者のレトリック論ではよくわからない)。

問題は、この〈わかったような気になる〉ところにあるのだろう。それは論理的ではないことを考えれば実際は〈よくわかっていない〉ことなのかもしれないし、心への喰いこみの深さを考えれば〈本当にわかっている〉ことなのかもしれない。ともあれ私たちは、まず〈わかる〉とは一体どういうことなのか、という所から出発しなければならないように思われる。そして、ブラックが隠喩を論ずるのに隠喩を用いることをためらわなかったように、私もレトリックを語るのにレトリックを用いることをためらうまいと思う。さらにまた、私的な経験や感想を語ることさえもためらうまいと思う。

＊本書では注記の出典のうち邦訳のあるものは訳書のみを掲げたが、引用の訳文は必ずしも邦訳書の通りではなく、尼ヶ崎訳のこともある

(1) M・ブラック「隠喩」尼ヶ崎彬訳、佐々木健一編『創造のレトリック』勁草書房、二頁
(2) グループμ『一般修辞学』佐々木健一・樋口桂子訳、大修館書店

一　「たとえ」の構造——隠喩と事例

たとえば誰かが子供を連れてやってきて、あなたにこう訊ねたとしよう。

「あなたは『三角形』という言葉を知っていますか」

もちろん知っている、とあなたは答えるだろう。

「では、その意味は御存知ですか」

もちろんわかっている、と答えるだろう。

「では、この子供に『三角形』の正確な定義を教えてやってくれませんか」

たいていの人はここで考えこむはずである。もし、たちどころに的確な定義を与えられるなら、あなたは辞書を書く資格がある。ちなみに広辞苑にはこうある。

「一直線上にない三つの点のそれぞれを結ぶ線分によってできる図形」

なるほど正確な定義である。しかし、正確ではあるけれども、本当にこんな説明で「三角形」がわかるのだろうか。ためしに子供に読み聞かせてみるといい。きっと「わからない」と言うだろう。

ではどうすればよいのか。たぶんあなたは「ほら、おにぎりの形だよ」と言ったり、紙に図を描いてみせたりするだろう。すると子供は（かなり下手な図であっても）「わかった」と言うだろう。もちろん、このようなやり方は便宜的な説明であって、定義のような厳密さを持たない。けれども子供は以後まちがいなく、あるものが「三角形」であるかないかを正確に言い当てられるだろう。つまり、子供は「三角形」の概念を「理解」したのである。そして実は大人の私たちの場合も、その理解の実情はこれとさして変わらない。誰が「三角形」という言葉から「一直線上にない三つの点云々」というような文を思い浮かべるだろうか。私たちが思い浮かべているものは、紙の上の図やおにぎりに共通なある図形のイメージであるはずだ。それが私たち自身が子供の時から知っている「三角形」の意味であり、概念なのである。ある意味で言語的定義はこのイメージをあとから説明するために考案されたものにすぎない。

このように私たちは、自分のよく知っているはずのことを語ろうとする時でさえ、言葉の論理的使用だけでは追いつかず、何かに喩えたり、実例をあげたりする。いうまでもなくこれはレトリックの使用である。しかもこの「たとえ」は詩的言語によくみられるレトリックである。とすれば、詩歌のレトリックは、意味伝達という観点からしばしば無用の（あるいは邪魔な）飾りとみなされるけれども、実は何事かの「理解」のために大きな働きをしているのではないかと考えられる。それゆえ本居宣長は『玉勝間』十の巻で次のように述べている。

たゞにいひては、ことゆきがたきこゝろも、万の物のうへにたとへていへば、こともなくよく聞こゆること、多くあるわざ也、さればこのたとへといふ事、神代より有て歌にも見え、今の世の人も、常にものすること也（1）。

補記――ここでは「たゞに言」うことと「たとへ」とが比較されているが、日本の歌論史では「たゞの詞」とは「歌詞《うたことば》」の反対概念であり、西欧修辞学で言う「字義通りの」(literal) 表現に近い。つまり文法書の規則通りに文が綴られ、各々の語は辞書に書かれている通りの意味しか持たないような文のことである。宣長は、前に歌論書『石上私淑言《いそのかみささめごと》』で、この「たゞの詞」と「あや」（レトリック）とを対立させ、「あや」の機能から和歌の本質（「もののあはれ」）を規定しようとした。

宣長の右の主張は、「普通に言っては解りにくいことも、具体的な事物をもち出して譬喩的に語れば簡単にわかってしまうことが多い。そこでこの譬喩というものは昔から使われてきたし、和歌にも用いられてきたが、今でもごく普通に使われている」ということである。実際、譬喩は何も詩的言語にのみ使われる高等技術ではなく、日常の会話にも頻繁に現れる。

「景気はどうだい？」
「去年は土砂降りでしたが、今年は曇りのち晴れといったところです」
「彼はどういう人かね」
「ドン・キホーテですね」

「酒は強いのかな」
「ビール一杯で茹で蛸になります」

これら「土砂降り」「ドン・キホーテ」など一語でできている単純な「譬え」は、ほかならぬ「隠喩」（メタファー）と呼ばれているものである。単一の概念ではなく、もう少しこみいったある事柄なり思想なりの全体を別の話で置き替えれば、「譬え話」といわれるものになる（前者をモノの譬え、後者をコトの譬えと呼んでもいい）。

ある婦人がパーティーでアインシュタインに相対性理論の説明を求めた。理論的に説明しても分かるはずがないとは二人とも承知している。婦人が求めていたのは理論的理解ではなく、ただ「それはどういうものか」という概略の漠然たる理解である。問題は、アインシュタインが「どう説明してもわかるまい」と考えているのに対し、婦人の方は「巧く説明してくれればわかる」と信じていることである。アインシュタインのなすべきことは、なぜ「どう説明してもわからない」のかを納得させることである。それはただ「あなたにわかるようなものじゃありませんよ」と言ってすむことではない。そこで彼はこんな「譬え話」を用いた。

「昔、暑い日に目の見えない友人と田舎道を散歩していた時のことです。私がミルクを飲みたいと言いますと、友人はこうききました。

『〈ミルク〉とは何だい』

『白い液体だよ』

『液体は知ってるが、〈白い〉とは何だい』

『白鳥の羽の色だよ』

『羽は知ってるが、〈白鳥〉とは何だい』

『首の曲がってる鳥だよ』

『首は知ってるが、〈曲がってる〉とは何だい』

　私は我慢ができなくなり、彼の腕を摑むと、ぐいと伸ばして『これが〈真直ぐ〉』、次に肘を曲げさせて『これが〈曲がってる〉ということだ』と言ってやると、彼は言いました。『ああ、〈ミルク〉とは何かやっとわかったよ』(2)」


アインシュタインは「どう説明してもわからない」とはどういうことかを、「たとえ」によって見事に示したのである(それも「たとえ」を使ってさえもわからないことがあるということを)。質問した婦人は、自分には誤解しかできないということを納得したであろう。

　しかし振り返ってみれば、この婦人はいったい何を理解したと言えるのだろう。もちろん相対性理論ではない。世の中にはどう説明してもわからないことがある、ということを理解したわけだが、その理解の内容を「たとえ」なしで語れと言われたら、多分婦人は当惑するだろう。彼女は、自分が相対性理論をなぜ理解できないのか、その理由を論理的に理解したわけではないのである。とすれば、彼女はただ「わかった気になった」だけのことであるのかもしれない。けれども実はこのような「わかり方」はこの婦人だけのことではない。

何事かを「わからせたい」時に定義や論証よりも譬えを用いるのは私たちの常套手段であり、またそれで「分かった気になり」、それで事をすませてしまうのは私たちの常ではないだろうか。「だから正確な理解を得るためには、法廷文書のような正確な語り方が必要なのだ」と言うかもしれない。だが法廷用の文章が〈わかり難い文〉の代表の如く扱われていることも、また一般の事実である。ここで私たちは「正確にわかる」事と「わかった気になる」事とを区別しなければならない。法廷の議論を「正確にわかる」ことは「推論を辿れる」ということであり、「わかった気になる」ことは「直観的に把握する」ことである。把握されるものは概念の論理関係ではなく、関係の型であり、図式である。そして私たちがふだんある事柄が「わかる」という時に考えているものは、どちらかと言えば「わかった気になる」方ではあるまいか。言い換えれば、「気」で分かることであり、別の日本語を借りれば「腑に落ちる」「腹に入る」などと言われるものである。その上、時によっては推論を辿って理解する方は「頭でわかる」とも言われ、「腹」でわかる方に比べるといささか浅薄なものとみなされたりする（日本語において、この分け方に内臓の譬喩を用いていることは偶然ではないであろう。それはまさに内臓感覚が納得して受容することであり、そのような理解を経てはじめて「身につく」ものなのである。しかしこれについては章を改めて考えよう）。

こうして、「たとえ」とは、「頭でわかる」ことが難しいもの（また頭でわかっても仕方のないもの）について〈臓腑〉でわからせるために用いられる方法である、と比喩を使って言うこともできる。

ところで皮肉な読者は、右の「たとえ」の説明が二重構造になっていることを指摘されるかもしれない。「即ち、アインシュタインの譬え話」の逸話を持ち出すこと自体、「たとえ」の機能を説明するための「たとえ」である、と。その通りである。しかし、漢字を使えばあとのものは「譬え」ではなく「例え」となる。興味深いことに日本語の「たとえ」には二通りの意味がある。一つは「譬喩」、もう一つは「事例」である。そしてこの二種の「たとえ」はもちろん密接な関係にある。宣長もそのことに気がついていた。だからこそ彼は、「譬といふものの事」の条のすぐ次に「物をときさとす事」という条を設けた。この二条はいずれも言葉による説明と理解に関するものだが、初めのものは「譬え」を、後のものは「例え」を主題とする。後者は短いので全文を引こう。

> 物をときさとす事
>
> すべて物の色形、又事のこゝろを、いひさとすに、いかにくはしくいひても、なほさだかにさとりがたきこと、つねにあるわざ也、そはその同じたぐひの物をあげて、其の色に同じきぞ、某のかたちのごとくなるぞといひ、ことの意をさとすには、その例を一つ二つ引き出ヅれば、言おほからで、よくわかるゝものなり(3)

宣長はまず「物」と「事のこころ」とを区別する。そして物の色や形を説明するときは、同じ色、同じ形をした物の例を挙げよと言い、事柄の意味を説明するときは、その事例を挙げよと言うのである。

例えば、ある色を説明して「黄色味を帯びた薄い青」などと言ってもイメージは伝わりにくいが、「ほら鶯の色だよ」と言えばすぐにわかる（これはいずれ「鶯色」という名称となって定着する。色名は具体的な事例の名を借りるものが多い。鼠色、桃色、茶色。英語でも、オレンジ、ローズ等々）。また、火星人の形を説明するのに、「四肢が細く頭が大きく云々」と言うより「蛸のような形」と言った方が何となくわかる。

事柄の意味について事例を挙げるとは、「例えば……」に始まる右のパラグラフ自体がそれに当たろう。「宣長の文意」を説明するために「ある色を説明して『鶯』と言い、ある形を説明して『蛸』と言う」事例を挙げてみせているのだから。

これらはいずれも事例によって説明することである。宣長がその場合に、モノの特徴（属性ないし述語）とコトの意味（論述の主旨）とを区別していたことは注意すべきであろう。ある個別的なモノの特徴を説明するのに、普遍的な概念ではなく、同じ特徴をもつ別のモノを以て述語に代えるのが前者であり、ある普遍的な命題を説明するのに個別的なコトを以てその命題の具現例を提示するのが後者である（同じ区別が「譬え」の場合にも、モノの隠喩とコトの譬え話という形であることは既に述べた通りである）。

こうして、認識内容の共有化のために、人は通常の説明のほかに、理解を助けるため譬喩と事例という二つのレトリックを用いるわけである。しかしこの二つが日本語でともに「たとえ」と同じ名で呼ばれるのには、それなりの理由があるだろう。まずモノの特徴を説明するケースについて見れば、譬喩と事例とは、視点の取り方にすぎないと言えるほどその構造が似ていることがある。例えば、酒に酔った顔の赤みを説明して「茹で蛸」を持ち出すのは、赤い色の例と考えれば事例の提示である。だが見方を変えればすぐに譬喩となる。「ビール一杯で彼は茹で蛸のように真赤になり」と言えば直喩であるし、「ビール一杯で彼は茹で蛸になり」と言えば隠喩である。

物の特徴について宣長の挙げたものは色と形であるが、これは物の特徴を色と形に代表させていたと考えるべきであろうから、もう少し拡大解釈してもよいであろう。そこで色と形を、事象の特性一般にまで広げることにすれば、ある人間の奇異な性格を説明して「ドン・キホーテ」と言ったり、危険な病状を「風前の灯」と言ったりするのもこれに含まれることになる。これらも、ある性格類型、ある状況の類型の一事例と考えれば「例え」であるが、ある個人の性格、ある個別的状況の説明と考えれば「譬え」である。従ってある人の説明に「ドン・キホーテ」を持ち出すことは、「例え」でも「譬え」でもあることになる。ではこの二つはどのような関係にあるのか。

ここでモノの「たとえ」の構造をいささか図式的に整理しておこう。あるモノについての「譬え」とは、常に、あるモノをある視点から見た場合の「譬え」である。例えば「某氏」を「ドン・キホーテ」と呼ぶのは、彼の〈猪突猛進〉という性格特徴に関しての譬喩である。つまり、「譬え」には、

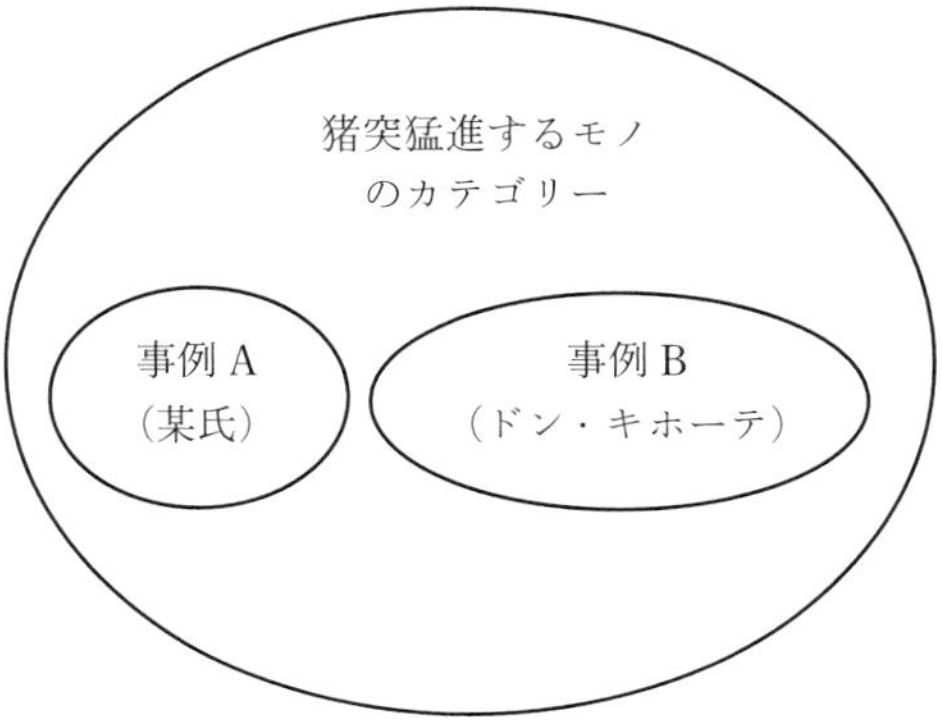

「譬えられるモノ」（某氏）
「譬えるモノ」　（ドン・キホーテ）
「モノの特徴」　（猪突猛進の性格）

という三項関係がある。この構造は、「猪突猛進するモノ」というカテゴリーの中に「某氏」と「ドン・キホーテ」という二つの事例が含まれている、と読み替えることができる（図参照）。このうち二つの事例（某氏とドン・キホーテ）に注目すればその関係は「譬え」と呼ばれるものになる。一方、カテゴリー（猪突猛進するモノ）と事例（ドン・キホーテ）の関係に注目すれば、これは「例え」となるであろう。つまり、モノの特徴の「例え」はモノの「譬え」と同じ構造に根ざしているのである。（但し宣長は「物をときさとす」機能を問題にしているのであって、これは譬喩の機能の一面でしかないことは断るまでもあるまい。また、日本語で「譬え」という時には隠喩・直喩を含んで換喩・提喩を含まない。従ってここでいう「譬喩」は換喩・提喩を含まない。）

それではなぜ「たとえ」を使うと「よくわかる」ことがあるのだろう。ある人の性格を説明するのに「猪突猛進」も「ドン・キホーテ」も同じことなら、わざわざ「譬え」をもちだすことはないし、はじめから「猪突猛進」と言ったらどうか。しかし「猪突猛進」と言うことと「ドン・

キホーテ」と言うこととは同じではないのである。私が「猪突猛進」という語を用いたのは、実は便宜上の単純化であって、「ドン・キホーテ」にはもっと多くの含意がある。妄想の巨大、思い込みの強烈、断固たる意志、ためらいのない決断、驚くべき愚行の果敢な実行等々。しかもこれらの語彙をいくら並べても、ドン・キホーテの人格を正確に表したとは言いにくい。というのも、私たちが「ドン・キホーテ」という言葉に思い浮かべるのは、彼の数々のエピソードから紡ぎ出されたある統一体としてのイメージであって、それは概念の集合に正確に分解できるものではないからである。ただこのイメージを無理に言葉に翻訳すれば「猪突猛進」等々の語彙が得られるにすぎない。言い換えれば、私たちは友人や小説中の人物を捉えるのに、概念ではなくイメージによっている部分があり、これは明晰に把握されているとしても、言葉ではうまく説明できないのである。それゆえ、ある人物のイメージを伝えようとする時には、別の人物のイメージを借りるほうが便利なことがあるのだ。

補記――詳しくは後の章で触れることだが、この種のイメージがうまく概念に翻訳できない理由の一つは、このイメージにはその人の特徴だけでなく、彼に対する私たち自身の態度が含まれているからである。たとえば某氏に対して私たちが一種の畏敬と軽侮の混じった眼差しを注いでいるとすれば、実はこれも彼のイメージの一部を成しており、「ドン・キホーテ」の譬えによってはじめて伝えられるものなのである。同様のことは、一見完全に普通の言葉に言い換えることができそうな隠喩のばあいにもある。たとえば景気を語る「曇りのち晴れ」とか「土砂降り」といった隠喩は「一時はあまりよくなかったが今はよくなった」とか「最悪の状況」と言っても同じように見える。しかし「曇りのち晴れ」には一時の不安から脱した話し手の気分が、「土砂降り」は同じくうちひしがれて惨めな気分が籠められており、単なる客観記述以上のものを伝えているのである。

似たようなことは、「例え」についても言いうる。たとえば、色の種類をこまかく分けていけば無限に細分化できる。そこで何百という色名が考案されているのだけれども、どうしても追いつかないことはあるし、それに専門家でなければとても覚えきれるものではない。女優の素敵な服を見て、同じものを作ろうと、生地屋で布を求める女性の場合を想像してみよう。まず「黄色の布を下さい」と言えば、たいてい店員は「黄色といってもいろいろありますが」とさらに細かい指定を求めてくるだろう。ここで黄色なら何でもいいとは普通考えない。彼女が欲しいのは「ある特定の黄色」である。それはイメージとしてははっきりとつかんでいる。ただ言語体系の不備のゆえに、あるいは彼女の語彙の不足のために「黄色」としか言えなかったのである。こういう時どうするか。一番いいのは、見本を出して「これと同じ色を」と言うことである。見本がなければ、相手が知っていると思われる同色の事例を挙げることである。「レモンの色を」というように。実例（見本）にせよ、言葉で「例え」を挙げるにせよ、〈事例〉は普通の言葉では曖昧にしか指定できないものをより正確に限定できる。こうして私たちが、概念としてではなくイメージとしてつかんでいる認識内容を共有化しようとするとき、「例え」は有効な手段となるのである。

物や色のイメージなどはなるほど言葉にはあまり頼らない認識かもしれない。しかしある言述の論旨、つまり「事のこころ」の方はどうであろうか。こちらはもともと言語によって構成されたものである。それがなぜ「たとえ」を必要とするのだろうか。ここで次に、「事のこころ」（論旨）のケースについて考えることにしよう。

私たちはふつう何かの事柄を説明しようとする時、それを要素に分解し、構造や筋道を抽象し、合理的な命題の組み立てに還元して、それを説明し了ったつもりになる。しかしそれだけで本当に人を理解させることは難しいことがある。古いところでアリストテレスの文章を例にとってみよう。彼は譬喩（メタポラ）を定義して「異なるものの名の適用」とし、これを分類して、「類から種、種から類、種から種、及び類比関係による四つがある」と書いた（『詩学』１４５７ｂ）。論理的にはこれで十分に言い尽くしているのかもしれないが、普通の人ならこれだけでは何のことかわかるまい。そこで何らかの説明が必要になる。アリストテレスは、類比関係とはA対Bの関係がC対Dの関係に類似していることであり、こういうとき人はBの代わりにDと言うのだと分析的に言い替えてくれるのだが、これでよくわかるようになったという人は少ないだろう。では、どうするか。実はアリストテレスは、このあとにかなり詳しく事例を挙げるのである。もっともギリシア古典の知識にうとい私たちにはそれらの例は今一つ馴染の薄い感があるので、ここでは単純卑近な例に置き換えることにしよう。初めの二つは今日の提喩であって、例えば「花」（類）で「桜」（種）を表し、「ゼロックス」（種）で「複写機一般」（類）を表すたぐいである。第三の種から種へとは、同じ類の特性を共有するもので、「ドン・キホーテ」で「某氏」を表すたぐいであり（共に「猪突猛進する者」という類に属す）、今日〈隠喩〉と呼ばれるものの多くはこのケースであると言ってよい。第四の類比関係による譬喩もまた隠喩の一形式である。アリストテレスの挙げた「例え」を以て説明すれば、人生における老年は一日における夕暮の関係に相当する、そこで「老年」を表すのに「人生の夕暮」と言い、「夕暮」を表すのに「一日の老年」と言うたぐいである。あの難しそうな定義も、こう言われるとたちどころにわかる。アリストテレスはおそらく数多くの譬喩を集め、それらが四つに分類できることを発見したのである。その一つのタイプがいかなるものであるかを言うのに「類比」という概念を用いた。これはそのタイプの本質を表す言葉であって、アリストテレス自身はこれでよくわかったに違いない。しかし、自分の発見した譬喩の構造を人に伝えるためには、これでは「よくわからない」ことをアリストテレス自身がまた自覚していたであろう。だからこそ彼は「人生の夕暮」等の事例を挙げざるを得なかったのである。

してみると、一体私たちは、ある新しい思惟を前にして、これを「類比関係」式の抽象的命題で説明されるのと、「人生の夕暮」式の事例で説明されるのと、どちらがよりよくわかるであろうか――と、こう問いかけて、それはもちろん後者であると持って行きたいところだが、この種の問いはおそらく設問自体が間違っているであろう。この二つの説明が与える理解はタイプの異なる理解であり、そもそも「わかる」という言葉の意味が異なるのであると思われる。まただからこそ、この二つの「わかり方」は相互補完的な役割を果たすのであろう。ではこの二つの「わかり方」は一体どう違うのかと問うのが当然の手順であるが、その前に確かめておかねばならぬことがある。ある「論旨」の説明は論理的なものと事例的なものだけであって、譬喩的なものは考えられないのか、ということである。

マックス・ブラックは、その隠喩論の冒頭で、哲学論文に隠喩を用いることは禁忌とされていると語ったが、事例については言及がない。これは当然で、言及するまでもないからである。右のアリストテレスの譬喩論をみてもわかるように、事例の使用はお構いなしである。たしかに哲学論文は合理的な推論記述が本筋を成す。けれども合理的な推論とは何かを論じた古典的論理学書、アリストテレスの『分析論』は、それ自体論理的記述のお手本のような本だが、やはり事例は豊富に出てくる（だいたい論理学の本は事例がないと何のことやらよくわからないことが多い）。つまり、「例え」はいいが「譬え」はいけない、というのが哲学論文の約束事というわけである。

　では本筋となる合理的な推論とは、アリストテレス流に考えればどういうものか。ここで「定言命題がどうのこうの」といった本論の部分を棚上げし、事例だけで説明を済ませるという乱暴を行えば、要するに次のような三段論法の連鎖に還元できるもののことである。

　大前提　　火のないところに煙はたたない
　小前提　　あの山に煙が見える
　結論　　　あの山に火がある

　ところで仏教哲学における論理学を因明というが、これにも三段論法に似た推論方式がある。やはり三つの命題から成り、三支作法という。三支とは「宗」（主張される命題）、「因」（理由）、そして「喩」である。たとえば次のようなものだ。

　宗　　あの山に火あるべし
　因　　煙あるがゆえに

喩　　凡そ煙を有するものは火を有す。たとえば、かまどの如し

見ればわかるように、宗はアリストテレス的三段論法の結論にあたり、因は小前提にあたる。そして大前提にあたる根拠として喩が置かれている。どちらの論証も、火と煙の因果関係を根拠に行われているのだが、その根拠が西洋では普遍的に真なる前提として与えられるのに対し、因明ではさらにその前提が確かなものであるための根拠として事例が示される。つまり、未知の事象を類推するための根拠として既知の事実の提示がなされるのである。しかし譬喩と事例とが同じ構造をもつことを思いだすならば、「かまど」は「凡そ煙を有するものは火を有す」という大前提（因明で言う「喩体」）の事例であると同時に「あの山」の比喩と見ることができる。即ち三段論法は「火のないところに煙は立たない」という常に正しい命題を基礎に置き、形式論理によって演繹的推論を行うのに対し、因明は「かまど」という経験的事実に基礎を置き、そこでの火と煙の関係があの山におけるXと煙の関係に等しいという類比関係によって推論を行うのだと考えられる。いうまでもなくこれはアリストテレスのいう「類比関係の譬喩」にあたる。

補記――「かまど」の事例の存在は「あるケースでは煙のある処に火がある」（特称命題）の真を保証するが、「全てのケースで煙のある処に火がある」（全称命題）の真を保証しない。それゆえ真なる全称命題から出発するアリストテレスの三段論法の方がより合理的であると思う読者もいるかと思う。しかしそもそも真なる全称命題なるものがありうるのだろうか。あるとすれば私たちはそれをいかにして手に入れることができるのだろうか。「火のない処に煙は立たない」が常に正しいという根拠は、実は、有限な既知の事例から帰納法によって推論されているにすぎない。帰納法による真理とは「今のところ反証のない命題」であって、論理的には何の保証もないのである。一方因明は、類比関係に

着眼して、当座有効な法則を帰納し、この仮の法則を根拠として演繹を行うという手続きをとっている。それだけより周到であるとみることもできる。三段論法に前提を供給する帰納法の真実性は、つまるところは類比による推論に基礎を置くほかはないのではあるまいか。

日本人ならうんざりしてしまいそうな煩瑣な議論を、悠然としかも精緻に論じてゆくインドの哲学者たちの、何百年にわたる論争経験の末に定式化されたのが、この三支作法の論理であった。そしてここには、「喩」がなければ論理は完全ではないという考えがある。私たちとしては、論文に隠喩が必須であるとまでは考えないにしても、必ずしも隠喩を排するいわれはなさそうである。しかも、実はブラック自身、哲学論文に隠喩が禁忌であると前置きしつつ、自説の説明に隠喩を利用しているのである。もちろんそれは、論証のためではなく、本筋の論理的言述の理解を助けるためであるけれども。

　こうして、ある論旨の説明として、論理的言述によるものと、事例によるものと、譬喩によるものとがあることになる。私たちはこの三つの説明方式を比べ、その「わかり方」の違いを調べなければならない。ここで材料としてブラックの論文を取り上げ、彼自身の事例や譬喩の使い方をみてみることにしよう。念をおしておけば、ここでは彼の説の内容は問題ではないので、彼の説明の仕方にだけ注目してほしい。

　マックス・ブラックは有名な隠喩論（『モデルと隠喩』第五章「隠喩」）において、従来の隠喩代替説（或る語Aの代わりに別の語Bを置くものが隠喩とする説）及びその一種である比較説に対し、相互作用説を唱えた。この説の主旨は結論部でブラック自身によって要約されているが、それをさらに抄録すれば次のようなことになろう。

「隠喩的陳述には二つの主題、第一主題と副主題とがあり、副主題から連想される含意の体系を第一主題に当てはめることで隠喩は作動する。この時隠喩は、普通なら副主題に適用される叙述が第一主題にもあてはまると示唆することにより、第一主題の持つ諸特徴を選択し、強調し、抑圧し、そして組織する(4)」

この論旨を説明するために、ブラックは「例え」と「譬え」の両方を用いる。

まず彼は事例として「人間は狼である」という言い方を取り上げる。ここでは「人間」が第一主題であり、「狼」が副主題である。「狼」の観念から人は「他の動物を餌食にする」「凶暴である」「貪欲である」「いつも闘争している」「腐肉を喰らう」等の含意体系を連想する。この含意体系を第一主題である人間にあてはめるのが隠喩の働きである。ある男を「狼」と呼ぶことは、かれの持ちうる人間的特徴のうちから狼的なるものを前面に押出し、そうでないものを背景に押しやり、そのようにしてその男についての人間観を組織することなのである。

この事例に続けてブラックは一つの譬喩を語る。幾筋かの透明な線状部をもった曇りガラスのスクリーンを通して星空を眺めたとしよう。私たちには、もちろんガラスの透明部に位置する星々しか見えない。この時、星々はあたかもスクリーンの構造によって組織されているかのように見えるであろう。このフィルターの役割を果たすスクリーンが副主題によって連想された含意体系にあたり、星が第一主題にあたる。「我々は第一主題が隠喩表現を『通して見られる』のだと言うことができる」とブラックは言う。つまり、ガラス・スクリーンというフィルターが星の見え方を決定するように、隠喩表現である副主題の含意体系が主題の見方を枠づけ、その特徴を組織するのである。

私たちは、ブラックの論旨が事例によって明瞭になるのを感じる。論の指示的意味は指示対象の実例を知ることによって明確に把握されるからである。しかし、ブラックの言おうとした〈隠喩作用とは何であるか〉の核となる思念は、むしろガラスのフィルターというイメージによってはっきりするように思えるのではあるまいか。

事例は、論を構成する概念や、その概念間の関係を明確にする。言い換えれば、ブラックが自分の思念を外化するために採用した論理の内容を明確化する。一方、譬喩が明らかにするものは、その論が伝えようとしている事柄そのものの図式である。あるいは、ブラック自身が自らの論に見出していた骨組みのシルエットのようなものである。言い換えれば、彼の思念の型である。おそらくここに、事例と譬喩との機能の差異がある。しかし、この差異はどの程度のものであろうか。

先ほど、「人間は狼である」という事例によって私たちはブラックの論の概念や叙述が明確にわかるようになる、と言った。だがもう一歩踏み込んで考えてみよう。事例によってブラックの論旨がよく理解できるようになるのは、概念や叙述が明確になるからであろうか。事態はむしろ反対で、私たちは事例によってブラックの言いたいことがよく理解できたからこそ、論述中の概念や叙述が明確になるのではないだろうか。もしそうであるとすれば、ブラックの論旨の理解は、それを構成する要素（概念）や要素の関係構造（論理関係）の理解によって促されたというよりも、「例え」の中にある何ものかによって促されたということになる。

本章の初めにあげた「三角形」のケースを思い出そう。子供に「一直線上にない三つの点のそれぞれを結ぶ線分によってできる図形」という広辞苑の定義を教えても容易に理解できるとは思えないが、紙に図を書いて見せればたちどころに「三角形」とはどういうものかを理解するであろう。この時子供は、「線分」や「図形」という単語の意味を最後まで理解できないかもしれないし、そもそも定義自体を忘れてしまうかもしれない。しかし、彼はこの時以後、「三角形」とは何であるかをはっきりと〈知る〉のである。

もちろんこのケースはモノの説明に事例を用いるものであって、そのままブラックのケースと同一視はできない。ブラックが言おうとしたのは一つの理論であり、こちらは「三角形」という単一の観念にすぎない。従ってブラックの例えでは概念とその関係の理解が不可欠であるが、こちらは図形の直観的理解で足りる。「三角形」のように概念の組み合わせで説明するよりも直観に向けて提示する方が話が早いものを、一つの理論の説明と一緒に考えるわけにはゆかない。というわけで、この「三角形」の直観的理解というケースは、ブラックのケースの検討には役にたたないように見える。しかし、本当にそうであろうか。私たちは「直観」という語を「概念を介さない認識」と考えるため、「人間は狼である」という明らかに概念的理解を必要とする言語的説明に対して「直観的理解」という語を適用できないように考えてしまうのであるが、実は私たちは、この「例え」によってブラックの理論を直観的に理解しているのではあるまいか。もちろんこの時直観的に理解されるものは、「狼」や「第一主題」といった語の意味でもなければ、その論述のプロセスでもない。そうではなくて、言わば隠喩的言述というものにブラックが見出した図式である。この図式は「人間は狼である」にも「あいつはドン・キホーテだ」にも共通なある「型」である。人はこの「型」を摑むことによって、ブラックの説を理解するのである。こうして人は、「例え」によって理論の中核を成す「型」を直観し、この「型」の説明として論述を解釈することにより、論述の細部や構造を明確に理解する、というところが実情であるように思われる。

このように考えてくる時、論旨の説明においても「例え」と「譬え」との距離が近くなってくる。

「譬え」とは、まさにこの「型」がより見えやすいように考案されたものではあるまいか。「譬え」は、ふつう、抽象的な説明を具体的なイメージの提示によって置き換えたものである。曇りガラスを通して星空を見るというイメージは、まさに隠喩の働き方の「型」をまざまざと目に見えるように提示してはいないだろうか。この「譬え」の教えるものは、星空の美しさでもなければ、少年時代のイタズラでもない。ただ、フィルターを通して物を認識するとはどういうことか、という一つの事柄の「型」を教えるのである。私たちが意識の表面に上げているのはロマンチックなイメージであるとしても、私たちが摑んでいるのはこの「型」であって、この同じ「型」をもつイメージでさえあれば、ブラックにとっては何の「譬え」でもよかったのである。例えば、電子ビームがシャドーマスクの穴を通過することによってブラウン管に映像が生じるといった、散文的な「譬え」でも構わなかった筈である。

こうして、事例も譬喩も、日本語で同じように「たとえ」と呼ぶのは故のないことではない。いずれも理論の核心を直観可能な「型」として提示するものである。ただこの「型」を提示するためには、具体的な内容で埋める必要がある。「型」という抽象的なものは、その形式だけで存立することができない。「人間は狼である」とか「スクリーンを通して星空を見る」といった具体的な内容を充填した姿をとらなければ提示することも記憶にとどめることも難しい。そしてこの「型」ができるだけ端的に把握されやすいように工夫された特殊ケースの提示が「たとえ」なのである。この「たとえ」のうち、理論そのものの具体化が事例であり、理論の包含する「型」そのものの具象化が譬喩である。したがって、理論自体の細部の明確な理解には事例の方がよいが、「型」の把握に限って言えば譬喩の方が有利であろう。両方を意図すれば、「たとえ」は二種類必要になる。マックス・ブラックが二つの「たとえ」を用いたゆえんであろう。

〈型〉の直観はレトリックの認識回路に属し、論述の理解は論理の回路に属するであろう。先に問題にしかけた「わかり方」の違いとは、この回路の違いである。そしてこの二つの「わかり方」が相互補完的であると言った先の言葉はここでいささかの注釈が必要となるだろう。論理での「わかり」（理解）を助けるためにレトリックによる「わかり」（直観）を利用することはあるが、その逆はない。譬喩や事例を「わかる」ために予め論理を理解する必要はないからである。とすれば、論理の回路がレトリックの回路によって基礎づけられることはあっても、その逆はないのではあるまいか。そして実は論理の回路とは、レトリックの回路の一部分を固定化することによって生じたものではあるまいか、という疑問が生まれる。しかしこの問題を扱うには今すこし遠回りをしなければならない。

---

(1) 本居宣長『玉勝間』、本居宣長全集第一巻、筑摩書房、三〇一頁
(2) E. Fuller, ed., *2500 Anecdotes for All Occasions* (Dolphin Books, 1961), 204.（この逸話の典拠は不明なので真偽は保証できない）
(3) 本居宣長、前掲書、三〇二頁
(4) M・ブラック、前掲書、二二一—二三頁

二　「らしさ」の認知——プロトタイプとカテゴリー

1　代表詞

子供はメタファーの天才だ、と言う人がいる。まだ言葉を操るすべを十分にものにしていないはずの幼い子が、大人の思い及ばぬ隠喩をいともたやすく作り出してみせるからだ。倒れているコップを指して「コップ、おやすみ」と言ったり、降る雨に「お空が泣いている」と言ったりすると、自分の子が詩人のように思える親もいるらしい。

しかし子供の隠喩的もの言いがレトリックでないことはすぐ明らかになる。隣の猫を指して「ワンワンだ」と言ったり、たずねてきた叔父さんを「パパ」と呼んだりすれば、いかに善意の親といえども、ふつうこれをメタファーとはみなさず、単に言葉の用法を間違えているだけだと考えるだろう。けれども倒れているコップを「おやすみ」と言うのも、叔父を「パパ」と呼ぶのも、そのしくみは同じなのである。この子供の文法では、ふだん立っているものが横になっているなら、それはみんな「おやすみ」しているのであって、大人のように事情に応じて「倒れている」とか「寝ている」とかの使い分けをしない。同様に、男の人はみな「パパ」なのであって、相手によって呼び名を変えないのである。そしてこれらはいずれも、同じカテゴリーに属する二つのメンバーの一方のラベルを他方へ転用することであるから、そのしくみはまさに隠喩と同じものである（前者の場合〈横になった状態〉というカテゴリーのなかに〈睡眠〉と〈転倒〉があり、一方のラベルである「おやすみ」を他方に転用している。後者の場合、〈男の人〉というカテゴリーに〈父〉と〈叔父〉が属し、一方のラベルである「パパ」を他方に転用している）。

大人の観点から見れば確かにこれらの用法は文法的に間違いだが、その間違い方には「隠喩的転用」という一定のルールがある。そして考えてみれば、なにかを言おうとして適当な言葉が思いあたらないとき、似たものを指す語を転用することによって語彙の不足を補うのは、大人でも珍しいことではない（「椅子の脚」などという表現も、もとは多分苦しまぎれの隠喩であろう）。とすれば、このように考える人もいるかもしれない。「子供に隠喩的転用が多いのは、あまりにも少ない語彙を補うためのやりくりである」と。たしかに子供の語彙が増えるにしたがい、この種の転用は少なくなるであろう。しかし子供の隠喩的転用は、適切な表現が見当たらないための臨時措置ではない。むしろ子供は、適切な表現をしているつもりなのである。ある説によれば、アメリカの知識人は数万の語彙を持つのに対し、無教養な労働者は数千の語彙で一生を送るという。仮にこれが本当であるとしても、適切な表現に苦しむ度合が知識人より労働者の方が多いとは考えにくい。彼等は自分の生きる世界を記述するのに十分な語彙を持っているであろう。たとえば英語に比べて日本語は、「五月雨」「時雨」など雨を表す語彙が多い。けれどもアメリカ人自身は、自分たちは雨を記述するのに語彙が足りないので不自由するなどとは夢にも考えないであろう。人はみな、自分の知る世界を記述するのにほぼ十分な語彙をもっているのである（もちろん時折は不足を感じるとしても。しかしそれはシェイクスピアだって同じだろう）。事情はおそらく子供の場合もかわらない。つまり子供にとっても語彙は子供の認知する世界を記述するには十分なのである。だからこそ子供は、自分が正しい表現をしていると思っているのである。

このことは、裏を返せば、人は自分の語彙の枠の中で世界を認知しているということになるだろう。語彙が少ないとはそれだけ世界を単純に見ているということである。そこでこんなふうに言うこともできそうである。子供の世界像はきわめて単純にできている。さまざまの状態や人や物の差異がまだ十分に認識されず、それだけ世界の分節がおおまかになっている。だから大人なら区別する〈父〉と〈叔父〉、〈犬〉と〈猫〉が同じカテゴリーにまとめられ、同じラベル（「パパ」や「ワンワン」）で呼ばれてしまうのだ、と。そうするとこれは言語発達の問題である以前に認識発達の問題であるということになる（以前に、というのは適当でないかもしれない。言葉を学ぶことは世界の名付けかたを学ぶことにほかならず、むしろ言語の構造が世界の見えかたを決定していると言う説がある。しかしこれについては後で触れよう）。つまり私たちの文化が世界を構造化するために用いている差異のシステムを、子供はまだ十分に知らないのだという、ごく常識的な話になる。なるほどその通りかもしれない。しかし、もう少し詳しく見てみよう。

子供が叔父を「パパ」と呼ぶ時、たしかに〈父〉と〈叔父〉の区別をしていない。けれども子供はこの二人を同一人物だと思っているのだろうか。そうではない（幼い子の場合はそういうこともあろうが、ここでは考えに入れない）。別人と知りつつ「パパ」と呼ぶのである。ではこの時子供にとって「パパ」という語はいったい何を意味しているのであろうか。もし〈自分の父〉であるならば、この語は固有名詞、つまり特定個人のラベルであり、従って〈叔父〉を指すのは隠喩的転用であることになる。もし〈成人男子〉であるならば、この語は普通名詞、つまりカテゴリーを表すラベルであり、〈父〉も〈叔父〉もその一事例であるから、〈叔父〉を「パパ」と呼ぶのは転用ではない（単に幼児語の語彙が大人と喰い違っているにすぎない）。こういう区別は、なんだか些細なことにこだわっているように見えるかもしれない。しかし実はここに認識の中心問題が横たわっているのである。即ち、カテゴリーの認知、あるいは概念の理解という問題である。

私たちは日々新たに出会う事物のいちいちに固有名詞を与えるわけにはゆかない。そこで個々の事物を、その属するカテゴリーの名前で認知する。「これは鳥、あれも鳥、それも鳥」というふうに。「鳥」という一つのカテゴリーを知っていれば、かなりの個体を「これは鳥である」と片付けることができる。こうして私たちは有限の概念で無限の事象を認識し、記述することができる。逆に言えば、私たちがどのようなカテゴリー体系を持っているかによって、世界の構造は違って見えることになる。

ところで「鳥」ではおおまかにすぎて間に合わないときには、よりこまかいカテゴリーである「にわとり」を、あるいはさらにこまかく「ちゃぼ」などを使うことになる。「鳥」にはその下位カテゴリーに「すずめ」「つばめ」「にわとり」などがあり、「にわとり」にはさらにその下位に「ちゃぼ」「白色レグホン」等がある。「鳥」の上には「動物」が、その上には「生物」がある。つまりカテゴリーは階層構造をもっており、私たちは場合に応じて適当なレベルのカテゴリーを利用するのである。

さて子供が叔父を「パパ」と呼んだ時、この子は〈成人男子〉というカテゴリーを表す普通名詞のつもりでこの言葉を使ったのであろうか。もしそうなら、この子には〈成人男子〉という類概念が成立していることになる。しかし、おそらくそうではあるまい。ためしにこの子にこの類概念を表すラベルを教えてみるとよい。「『パパ』じゃないのよ、『男の人』というのよ」と。多分子供は叔父に「男の人」と呼びかけるだろう。まるで固有名詞であるかのように。そこで類概念であることを示すために「『パパ』も『男の人』なのよ」と教えると、子供は困惑するだろう。「パパは『パパ』じゃないの？」「『パパ』だけれども『男の人』でもあるの、こちらは『パパ』じゃないけど、やっぱり『男の人』なの」。たぶん子供はますます混乱するだろう。この子は〈父〉と〈叔父〉とを含む〈成人男子〉という概念を胸に抱き、それに「パパ」というラベルを貼っていたわけではないのである。

じつは〈成人男子〉といった類概念をもつためには、ある程度年がゆかなければならない。それは、具体的な〈父〉や〈叔父〉という現実の個体ではなく、〈成人男子一般〉という抽象的な概念をもつことが小さい子にはむつかしいからである。だから大人なら〈成人男子なるもの〉を主題として、たとえば「成人男子とは人間というカテゴリーを雌雄二つに分けた後者のうち一人前の年齢に達したものである」といった抽象的命題を語ることができるが、子供はあくまでも個々の成人男子の現実について「パパ（父）がいる」とか「パパ（叔父）が来た」としか言えないのである。

似たようなことが一部の失語症患者にもある。ある患者は、目の前にりんごが出されると、それを「リンゴ」と呼ぶことができる。そして〈このリンゴ〉については語ることができる。しかし目の前にリンゴがない時、彼はリンゴについて語ることができない。どうやら、彼には〈リンゴなるもの〉という概念がないのである。彼は個々のリンゴについて概念を持つことはできるけれども、〈リンゴ〉の類概念がない。したがって「このリンゴは赤い」とは言えるけれども、「（一般に）リンゴは赤い」とは言えないのである。

目の前に出されたものが「リンゴ」であるかないかを正確に言い当てられる人間に出会うと、私たちは「彼は『リンゴ』が何か知っている」とか「彼は『リンゴ』の概念を持っている」と言いたくなる。しかし彼に「リンゴとは何か」とたずねても、まったく答えられないとしたら、彼のことを「『リンゴ』が何かを知っている」とも「『リンゴ』の概念をもっている」とも言い難いであろう。彼は心に思いながら発話できないのではない。そもそも〈リンゴなるもの〉について考えることができないのである。彼にとっては（また子供にとっても）物の名前は、つねに具体的な物にぴったりと貼りついているのである。

こうして子供の発する「パパ」は自分の父を指す時は固有名詞であり、叔父を指す時は〈男の人〉を意味する普通名詞であるといった説明は適切ではない。素朴に考えてみても、それまで父以外の男を見たことのなかった子供が、叔父をみたとたん人間の男と女の「差異」を認識し、〈女の人〉に対する〈男の人〉というカテゴリーを即座に心の中に形成し、「パパ」が実は父個人を指す記号ではなく、父を含む男の人一般を指す普通名詞であったことに気がつき、そこで叔父を「パパ」と呼んだ、などというプロセスが子供の中で起こったとは信じにくいことである。

事態はもっと単純であろう。このとき「パパ」というラベルは、父を指すラベルである「パパ」を叔父に転用したのであるであろう。ほとんど固有名詞といってよいくらいに。私たちはそれを「隠喩的転用」と呼んだけれども、むろん子供自身には、これが非文法的であるとかレトリックであるといった意識はない。子供なりに一つのルールに従っているにすぎない。ではそれはどのようなものか。

この子供は、ふだん自分の世界に現れるものに全てラベルを貼ることができるとしよう。「パパ」とか「ママ」とか「ワンワン」とか。ある日、家庭に見慣れない人物が現れる。子供は、それが既知のものの中では「パパ」と呼ばれるものにいちばんよく似ていることを見てとる。そこでこれに同じラベルを転用するのである。つまり子供の文法の中には、〈既知のものによく似たもの〉は〈既知のもの〉の名前で呼んでかまわないというルールがあり、そこでこの新しい登場人物を「パパ」と呼んだのである。

この時子供は、この世には〈父〉と〈父に似たもの〉があるということを知ったわけであり、なんならこれを、少なくとも二つのメンバーをもつグループの存在を認識したのだと言ってもよい。しかしこのグループ化は、男女の差異の認識といった明確な線引きに従って生まれたものではない。ただ〈既知のもの〉と〈それに何かしら似たもの〉とに同じラベルを適用するという場あたりな実践から生まれたものである。このグループのメンバーは次々と増えていくだろう。郵便配達夫とか、隣の旦那とか、あるいはこわいおばさんまで、このリストにつけ加えられるかもしれない。そしてこのメンバーはみな、グループの代表者である〈父〉の名前、つまり「パパ」と呼ばれるのである。

この場合、「パパ」とは、〈父〉を指す固有名詞であると同時に、〈父に似たもの〉のグループの各メンバーを指す名前として転用することができる。しかし注意すべきは、グループ自体の名前ではないということである。類概念ではなく、あくまでも個々のメンバーのラベルとして用いられるにすぎない。このような、元来あるグループの一メンバーを指す言葉でありながら、同じグループ内の全メンバーに転用されるような言葉を、仮に「代表詞」と呼ぶことにしよう。このとき「代表詞」とは、元来ある特定のもの（代表的事例）を指すラベルでありながら別のもの（類似事例）をも指す言葉であり、またグループの全体を覆う言葉でありながら、グループの名前（カテゴリー名）ではなく個々のメンバー（事例）の名前としてしか用いられない言葉である。

2　二つのカテゴリー――形成と分類

さて、右の子供によって「パパ」と呼ばれるもののグループを「カテゴリー」と言ってはいけないのだろうか。もちろん構わない。が、実はこのとき「カテゴリー」という言葉で実態の異なる二つのものを指していることになる。一つは、右のような子供が言葉の用法とともに学んでゆくカテゴリーであり、もう一つは生物学者が動物を分類して「犬とはこういうもの」と言うような場合のカテゴリーである。この二つは違うものなのだろうか。確かに違う。それなのにこれまでこの二つはしばしば混同されてきた。というより同一視されてきた。たとえば、次のような考え方がある。子供は言葉を学ぶことによって世界をどう分節してカテゴリー化すればよいかを学び、大人と同じ目で世界を認知するようになる。このようにして見えてきた世界（いわゆる「客観的世界」）の構造を厳密かつ体系的に記述したものが学者の描く科学的世界像である。従って、子供が「ワンワン」の用法をおぼえたことは、その社会では「客観的」な（あるいは相互主観的な）「犬」のカテゴリーを学習し、大人と同じ「犬」の概念を獲得したことを意味する、と。しかしこれは正確ではない。子供は大人のような〈犬なるもの〉という概念をもっていないし、またふつうの大人の〈犬なるもの〉の概念は、学者の〈犬〉概念ともたぶん同じではない。だがここでは中間地帯である大人のケースはさておいて、まず両極の二つのケースの違いを明確にすることにしよう。

たとえば「ワンワン」という言葉によって〈犬〉というカテゴリーを学んでゆく過程を考えてみよう。

我が家のポチがワンワンと吠えている。母がそれを指さして「ほら、『ワンワン』よ」と子供に教える。子供は、その生き物が「ワンワン」というラベルを貼られていることを学ぶ。そしてポチを見るたびに「ワンワン」と言うだろう。このとき「ワンワン」はまだ大人にとっての「犬」と同じような普通名詞ではなく、ほとんどポチという特定の犬のための固有名詞である（ちょうど「パパ」が、元来は〈父一般〉を指す言葉であるのに、普通の家庭では特定の一人物を指す固有名詞として用いられているように)。ところが、やがて親に連れられて外へでかけてみると、見慣れた「ワンワン」(ポチ)ではないが、それによく似たものが通りをうろついているのに出会う。親はそれを指さして、「ほら『ワンワン』よ」と言う。「ワンワン?」「そう、ワンワン」。子供は「ワンワン」というラベルが、〈ポチ〉だけではなく〈ポチによく似たもの〉にも適用できることを学ぶ。帰り道で、また別の、けれどもやはりポチに似たものに出会う。子供は指さして言ってみる。「ワンワン!」「そうワンワンよ、えらいわねえ」。こうして子供は二つのことを学ぶのである。一つは、既知のもののラベルはそれによく似た未知のものに適用することができるというルール。もう一つは、「ワンワン」という言葉の適切な用法。

ある意味でこれを、子供が「ワンワン」のカテゴリーを習得したのだと言ってもよいであろう。しかしこのカテゴリーにはいくつかの特徴がある。まず第一に、理論的ではなく実践的である。子供は〈ワンワンなるもの〉について考察することはできないが(この意味では〈ワンワン〉の概念をもたない)、出会うものの一つ一つについてそれが「ワンワン」であるかないかを言うことができる(この意味でなら〈ワンワン〉の概念をもっている)。つまりこのカテゴリーは概念として操作することはできないが、現実世界の中で使用することはできるのである。第二に、カテゴリーの境界が曖昧である。「似ている」などというのは実にいいかげんな基準であって、何がどの程度似ていればよいのかさだかではない。多分その日の気分でこの境界は揺れ動くだろう。これに対し生物学者の「犬」の概念は明確な境界を持っている(と信じられている)。たとえ時にある種の狐を犬と見間違えることがあるにしても、それは「間違い」なのであって、境界自体が曖昧なのではない。ある属性をもつものは皆「犬」であり、もたないものは皆「犬」ではないのである。これに対し「似ている」という基準は、たとえばうちのポチが黒くて怖い犬だとしたら、黒猫もゴジラも「ワンワン」と言うかもしれないのだ。黒猫とゴジラに何の共通点もないとしても。これらの結果として、第三に、このカテゴリーは開かれている。新しい「それに似たもの」「それらしきもの」を発見するたびに、そのメンバーは増えてゆき、どこに限界があるのかわからないからである。一方、学者の「犬」のカテゴリーは閉ざされている。定義によってどこからどこまでが「犬」と呼ばれうるかが決まっているからである。子供のカテゴリーは実際に出会った「ワンワン」たちだけがそのメンバーであり、新たなメンバーを加えるごとにそのカテゴリーの全体像は少しづつ変容してゆく（外延の増殖によって内包が変わる）のだけれども、学者のカテゴリーはまだ見ぬメンバーを含めてその全体が予め決定ずみであり、もしカテゴリーの概念内容が変化するとすれば、それはむしろ他のカテゴリーとの理論的調整の結果である。

そもそも二つのカテゴリーのあり方の違いは、考え方の出発点が違うことにもよる。子供のカテゴリー形成は、出会う個体をどう名付けるかという実践的な課題から出発しているのに対し、学者のカテゴリー分類は、存在しうる個体の全集合をどういう基準で切り分けるのが合理的かという理論的課題に応えようとするものである。そしてその方法はアリストテレス以来たいして変化はない。

「分類」とは、一つの上位カテゴリーを複数の下位カテゴリーに分割することである。従って、「分類」にはつねに上下の「階層性」の概念が含まれている。このとき複数の下位カテゴリー間には、確かな違いがなければならない。即ち「分類」にはつねに「差異」の発見（ないし指定）がともなう。また、上位カテゴリーはさらに大きなカテゴリーに属するであろうし、下位カテゴリーはさらに小さいカテゴリーに分割しうるであろう。従って「分類」はつねにツリー状の「体系性」を志向するであろう。こうして「分類」は「科学的」となる。

「分類」には二つの作業が必要である。まず、分類の対象となる全個体の範囲をきっちりと決定すること。たとえば〈動物〉という「類」を複数の「種」に分類しようというのなら、まず〈動物〉というカテゴリーの範囲（外延）を決めなければならない。そのために、〈動物〉の概念（内包）を明確にしておかなければならない。次に、このカテゴリーの内部にいくつかの境界線を引き、この線で切り分けられた領域の各々に「犬」とか「猫」などのラベルを貼ってゆく。この際もっとも重要な原則は、すべての個体がなんらかのカテゴリーに属すること、及び同一の個体が決して二つのカテゴリーにまたがって属さないことである。このためには、当該「種」に属するメンバーは必ず持ち、それ以外の者は決して持たないような「種」独自の特徴を決定しなければならない。この弁別基準となる特徴が「種差」である。

こうして生物学者は、「類」と「種差」によって全生物を体系的に分類する。ただ、外見上の特徴に種差を求めると、曖昧なケースが続出してきれいな境界線が引きにくい。そこでより厳密な基準をもとめ、今では解剖学的器官の特徴をよりどころにする。その結果、見た目の印象とは逆に、鯨は哺乳類であり、魚よりも犬や猫の仲間であるとされるようになった。いずれ器官的特徴でも間にあわず、遺伝子構造の特徴によって種差を決定するようになるだろう。

このようなカテゴリー分類の方法的特徴は、全体から出発し、境界の決定によって部分を作り出すことである。言い換えれば「分節」という方法によってカテゴリーを切り出すのである。従ってカテゴリーとはつねに閉じられた集合である。しかし先にみた子供のカテゴリー形成の方法的特徴は、代表的な個体（ないし事例）から出発し、「それに似たもの」をつぎつぎと連結してゆくことによって全体を作ることである。いや「全体」というのはすでに適切ではない。子供は、ちょうど蔓を引っ張って芋を掘りだすように、芋づる式につぎつぎと仲間の事例を発見してゆくのだけれども、いつまで掘っても蔓の先は地中に埋まって見えないのである。このような形のカテゴリーとは、全体というよりも終わりの見えない連鎖である。しかもこの連鎖は一本の芋づるでできているわけではない。複雑に枝別れしたあげく、いいかげんなことには先のほうでは全く別の芋づるにつながっていたりする。というのも元の代表者に「似たもの」に「似たもの」という間接的な仲間がつけ加えられたりするからである。「友達の友達はみな友達」というのがこの方式の特徴であり、この「友達の輪」的カテゴリーには、原理的に終わりがない。子供が手にしているものは、「種差」という概念ではなく、芋づるという実践的なしかけなのである。とすれば、次のように言ってよいのではあるまいか。私たちの世界認識は、そのはじめ、ケーキを切るように世界という全体を分節していくつかのカテゴリーを設けることによって成立するのではなく、むしろいくつかの代表的事例を知り、あとはそれに似たものをその代表例の仲間として「友達の輪」の連鎖を広げてゆくのだ、と。そして私たちは代表例のラベル、即ち「代表詞」をその仲間に転用することで、言葉の用法をおぼえてゆくのだ、と。

さて、それでは私たち大人の場合はどうなのだろうか。確かに私たちは「犬」のカテゴリーを考える時に、その解剖学的器官を、ましてや遺伝子構造を考えたりしない。けれども、厳密さの点で差があるとしても、基本的には学者のカテゴリーと同じしくみであるように見える。「犬」という言葉に、私たちは個々の犬を思い浮かべるのではなく〈犬なるもの〉の概念を意識するし、〈動物〉の一部が〈犬〉であり、さらにその一部に〈コリー〉や〈狆《ちん》〉などがあるという「カテゴリー体系」を知っているからである。実際私たちは、名詞が具体的な物に貼りついた名前である幼児的段階から、「〜なるもの」「〜一般」という普遍概念を表す段階へと進み、抽象的な概念操作が可能となるのであるが、これは知的発達過程での大きな飛躍であり、これ以後私たちの世界は徹底的に再整理され、構造化されると考えるのは自然なことである。

しかし、私たちは本当に明確に構造化された概念体系をもっているのだろうか。それは私たちがそう思いこんでいるだけではないのか。たとえば「ぺんぎんは鳥か」とか「蛸は魚か」といった質問をすると、人によって答が違うのはもちろん、同一人でさえその時によって答が違ってくるという実験がある。このての質問に対し、普通の人は「鳥」や「魚」の定義を用意して答えているわけではなく、自分の持ち合わせる〈鳥らしさ〉や〈魚らしさ〉のイメージにどの程度あてはまるかをそのつど判断しているにすぎないからだ。とすれば案外、私たちの日常的なカテゴリー概念は、学者のものよりも幼児のものに近いのではないかと考えることが可能である。その一例が、概念についての神話を徹底的に解体した後期ヴィトゲンシュタインにみられる。彼は「ゲーム」という概念を例にとりあげる。盤ゲーム（囲碁・将棋等）、カード・ゲーム（ポーカー・

花札等）、球技（野球等）その他数多くの「ゲーム」と呼ばれるものがある。それではこれら全てに共通する特徴（「ゲーム」というカテゴリーを他から区別する種差）は何か、と彼は問う。いくら探してもそんなものは見当たらない、その代わり、あるゲーム群を見るとたくさんの共通特徴が見られるであろうし、別のゲーム群に目を移すとその多くが消えて別の共通特徴が目に入るだろう、そしてまた別のゲーム群を見るとまた消えてゆく特徴と残る特徴と現れてくる特徴とがあるだろう、と言う。つまり「ゲーム」というカテゴリーを構成しているメンバーは、全員が一つの特徴を共有しているわけではないけれども、各メンバーはいくつかの他のメンバーといくつかの点で似通っており、全体として複雑な類似性の網の目を形作っているのである。そして彼はこれを「家族的類似性」と呼んだ。家族は必ずしもみな同じ特徴をもっているとは限らない。しかしたとえば、父と兄と妹は身体つきが似ており、父と姉とは顔つきが、兄と姉とは瞳の色が、といったようにさまざまな類似性が重なりあい、交差しているものである。そこでヴィトゲンシュタインは、「ゲーム」とは一つの家族であると言うのである(1)。このようなカテゴリーのありかたは、芋づる式カテゴリーに近いであろう。

しかも彼は「ゲーム」という概念が（そればかりか「数」という抽象概念さえ）明確な限界をもっていないと言う。「何がまだゲームの内であり、何がもうゲームには入らないか。きみにその境界線が引けるか。無理だ(2)」。分類によるカテゴリーは、まさに境界線を引くことによって生じたものであった。ヴィトゲンシュタインの言っていることは、私たちのもつ自然な（日常的な）カテゴリーとは、学者が特別な目的のために分類によって人工的に設定したようなものではなく、むしろ子供のものに近いということである。

しかし私たちは「ゲームなるもの」について語ってきた。「ゲーム」というカテゴリーの全体について考えてきた。とすれば私たちは既に子供とは違い、普遍的な「ゲーム」について何らかの概念を持っているわけである。この概念の中身を取り出してみれば、それこそがこの概念の「内包」であり、カテゴリーの「定義」となるのではないか。しかしこの概念の中身を知るために、「ゲーム」とは何かと自問してみよう。ヴィトゲンシュタインは言う。「誰かにゲームとは何かを説明するにはどうすればよいだろう。おそらくわれわれはいくつかのゲームを記述したあとこう付け加えるのではないか。『これや、これに似たものを〈ゲーム〉と呼ぶんだ』(3)」。これは、少し掘り起こした芋づるのはしを相手に渡して、あとは自分で引っ張れと言っているようなものである。

これが私たちふつうの大人の概念理解のありかたであるとすれば、たしかに学者の概念とはだいぶ隔たりがある。いくつかの個別事例とそれに似たものによって行われるこのような概念理解を宮崎清孝氏は「のようなもの」的認識と呼び、これに対し共通属性の集合として規定される概念理解を「〜だ」的な認識と呼んだ(4)。もちろん私たちは必要とあれば学者のようにある概念を「〜だ」と定義することもできる。しかしヴィトゲンシュタインは断言する。「われわれは——特別な目的のために——境界線を引くこともできる。だがそうしなければ概念は使用できないものだろうか。決してそうではない！(5)」

もっとも概念とは「のようなもの」だという考え方は、「差異」に認識の根拠を求めようとする今日の思想状況のなかでは、必ずしも当り前ではないかもしれない。そこでこの問題について は、もう少し立ち入ってみる必要がある。

3 差異と原型

哲学にはその下位部門として存在論、認識論等があるが、古来存在論がもっとも重視されてきた。存在論とは、広くは宇宙から個人の心まで、存在するもの全ての成り立ちとか構造とかをむやみに深くさぐって、その根源とか原理とかを見出そうとするもので、いかにも大文字の哲学というにふさわしい。ところが近代では、この世に客観的な存在などなく、私たちが在ると思っている対象は、私たちがそのように認識しているにすぎない、という考えが有力になってきた。「Xが存在している」とは実は「何かをXとして認識している」ということなのだ、というわけである。こうなると存在論は認識論に還元されてしまう(というより、認識を離れて存在があるという前提に立つ古来の存在論はその問題自体を消されてしまい、「存在」という概念も認識の問題の中に吸収されてしまったのである)。こうして、認識論が哲学の中心部門とみなされるようになった。ところが、近頃言語と認識が切っても切れない関係にあること、むしろ私たちの認識は言語構造に決定されているふしがあることが知られるようになってくると、認識論はその土台を言語論に求めねばならなくなってきた(いわゆる「言語論的転回」)。ホーレンシュタインによれば「この言語決定論は、ドイツ語圏ではフンボルトとワイスゲルバーという名に結びつけられており、英語圏ではサピアとウォーフという名に結びつけられている」というが(6)、日本ではソシュールという名と結びついている。ソシュールが記号学の鼻祖であるというだけでなく、丸山圭三郎氏の名著『ソシュールの思想』が刊行されたことも与かって力が大きいと思われる。そこで、しばらくこの書に拠って、一見私たちの素朴な実感とかけはなれて見える、この思想を紹介することにしよう。

言葉の話をするときには表記についてまず取り決めておかねばならない。一応、記号と概念と指示対象の三つの表記を区別して、仮に、「犬」は犬の記号（文字または音声）を表し、〈犬〉は犬の概念を表し、《イヌ》はそのへんをうろうろして人々から「犬」と呼ばれたりする物体を表す、ということにしておこう（こういう三分法自体に問題があるという批判もあるだろうが、とりあえずはこういう便法をとらなければ話が進めにくい）。私たちの素朴な考えでは、まず世の中に《イヌ》というものが存在し、私たちはこれを認識して〈犬〉という概念を抱き、これに「犬」という記号を与える。この記号の方は言語体系が違えば「DOG」だったり「HUND」だったりとさまざまだが、《イヌ》という存在は同一なのだから、その認識から生じた〈犬〉という概念も同一である、と考えられている。ところがソシュールは、この、既に在るものへの命名が言語であるという考え方（言語名称目録観）を完全にひっくり返すのである。

「ソシュールはまずプラトンや聖書以来の伝統的言語観である言語命名論の否定から出発した。……我々の生活世界は、コトバを知る以前からきちんと区分され、分類されているのではない。それぞれの言語のもつ単語が、既成の概念や事物の名づけをするのではなく、その正反対に、コトバがあってはじめて概念が生まれるのである(7)」

その証拠に言語体系が違うと概念体系も違ってくる。

「例えば日本語の「木」は、机などを作っている材料でもあれば、庭の青々とした樹木でもあるが、英語では前者が wood、後者が tree であることは中学生でも知っている事実である。それでは材木の意味の「木」と wood が完全に重なりあう概念であるかというと、これもそうはいかない。wood には「森」という意味も含まれているからである(8)」

さらに言語体系が違うと対象認識の仕方が違ってくる例として、多くの論者があげる虹の例を丸山氏もとりあげる。

「我々にとって、太陽光線のスペクトルや虹の色が、紫、藍、青、緑、黄、橙、赤の七色から構成されているという事実ほど、客観的で普遍的な物理的現実に基づいたものはないように思われる。ところが、英語ではこの同じスペクトルを purple, blue, green, yellow, orange, red の六色に区切るし、ローデシアの一言語であるショナ(Shona)語では cipswuka, citema, cicena の三色、ウバンギの一言語であるサンゴ(Sango)語では vuko と bengwbwa の二色、リベリアの一言語であるバッサ(Bassa)語でも、hui と ziza の二色にしか区切らないという事実は何を物語っているのであろうか(9)」

物理学的には、虹は可視光線の全範囲にわたる短波長から長波長までの連続体である。もともとどこにも切れ目はないし、また切ろうとすれば無限に細かく分割できる。それを「虹は六色から成っている」「いや七色でできている」などと思いこむのは、私たちが自分の言語体系にしたがって、勝手に世界に切れ目を入れているからである。言い換えれば、世界は言語体系のとおりの姿で存在しているかのように、私たちに認識されているからである。このように存在は認識に、認識は言語に依存している。丸山氏は存在する事象と認識と言語の関係を次のような命題にまとめる。

「コトバは認識のあとにくるのではなく、コトバがあってはじめて事象が認識される、もしくはコトバと認識は同一現象である(10)」

こうしてソシュールは、言葉と概念の関係についても、言葉と事象の関係についても、従来の常識を逆転した。もはや「コトバ以前には、コトバが指さすべき事物も概念も存在しない(11)」。まさに、初めにコトバありき、というわけである。

言葉を知る以前の私たちにとって、世界は「混沌たるカオスの如き連続体(12)」であるが、言葉を知ることによって(あるいは造ることによって)、世界は意味ある単位に分節され、いくつかの事象の配置として見えてくる。そして言語が体系的であるのに応じて、世界もまた体系的構造をもったものとして立ち現れてくる。では言語の体系はいったいどのようにできてくるのか。ここで「言語の中には差異しかない」というソシュールの有名なテーゼが登場する。ソシュールによれば、まず辞項という要素があって、それが結び付いて言語体系という全体を形成するのではなく、まず全体があって、その中の諸部分の相互関係がその部分の存在意義を決定するのである。たとえば「犬」の語は「狼」「山犬」「野犬」といった隣接諸語との相互関係によってその意味の範囲を決定されており、もし「狼」という語がなければ「犬」は《狼》をも指すかもしれないのである。そしてこの「相互関係」とは、他の語との「差異」にほかならない。この事情を説明して丸山氏は卓抜な比喩を用いた。

箱の中に入っている饅頭と、同じ大きさの箱の中に押し込められている同じ数の風船のイメージを考えてみよう（左図参照）。その風船はただの風船ではなくて、圧搾空気が入っているものと仮定する。さて、饅頭の場合は、その中から一つ取り出して箱の外においても、当然そこに空隙がのこされるだけで箱の中の他の関係は変わらない。箱の外にとり出した饅頭自体も一定の大きさ、一定の実体を保っているであろう。ところが、技術的に可能かどうかはさておき、圧搾空気をつめた風船の場合は、箱の中でしか、また他の風船との圧力関係においてしか、その大きさはない。もしその中の風船を一つ外へ出すと、当然ながらパンクして存在しなくなってしまう。また、残した穴もそのままであるはずはなく、緊張関係におかれてひしめきあっていた他の風船が全部ふくれ上がってたちまち空隙を埋めてしまうであろう。これがソシュールの考えていた体系であり、個々の項の大き

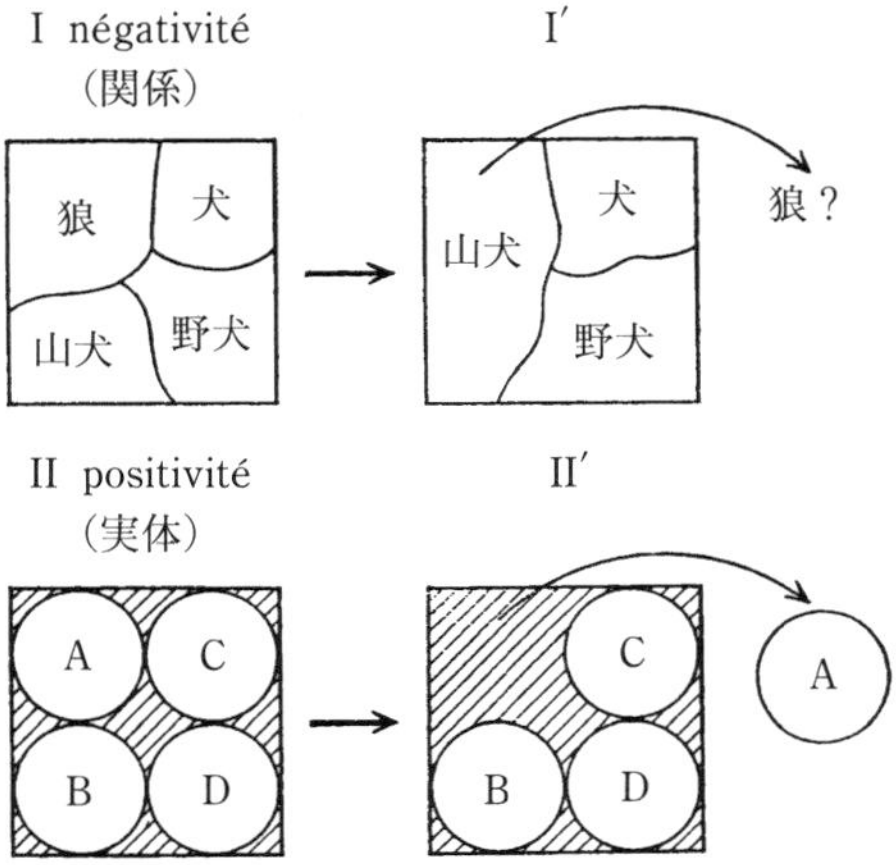

さとか実体性というものは、もともと存在しない(13)。

「犬」が何であるかを決めるものは、《犬》という実体の本質などではなく、他の語との圧力関係からできた境界線の形である。言い換えれば私たちは、「犬」という辞項の内容を積極的な知識として知っているわけではなく、ただ「狼」その他の辞項との差異を知っているにすぎない。この「差異」こそが言語において私たちが意識する全てであるとソシュールは考えたのである。丸山氏は次のような手稿を引用する。

コトバの事実に関係するすべての規則、すべての文、すべての語が必然的に喚起するものは、a対bという関係か、あるいはa—a'という関係であって、これを切り離して分析すると何も意味しなくなるおそれがある。これはまさに、aとかbという辞項は、そのままでは意識の領域に達することができず、意識が知覚するものは常にaとbの間の差異でしかないという理由からである(14)。(傍点原文)

ソシュールに従うなら、言語記号の担う概念とは、各事物ごとに独立して形成されるものではなく、ただ他の概念との差異として相互依存的にあるにすぎないし、さらに言えば、私たちは「概念」を意識するのではなく「概念間の差異」を意識するにすぎない。こうして、私たちの言語体系とは差異の体系であり、概念とは他の概念との間の差異としてしか存立しえず、事物の認識は他の事物との差異の認識にほかならないことになる。

　世界はもともと何の切れ目もない茫漠たる連続体である。人間はこれに言語という網をかけることによって、人為的な境界線をつける。世界は網目によっていくつかの部分に分節される。たとえば虹は紫から赤まで七つの色に区切られる。この網の模様が世界の構造を決定するのである。しかしこの網の模様は、実はどのようにも作ることができる。実際言語によってその模様は違い、世界の分節のしかたは異なるのである。虹は、日本では七色から成るが、言語によっては六色であったり、三色や二色であったりする。また日本語の「木」の概念と英語の tree や wood の概念がずれているのもこのためである。つまり差異の体系をどのように設定するかは、事物の在りかたから自然に決まるものではなく、人間の都合でどうにでもなるものなのである。これがソシュールの言う言語の「恣意性」にほかならない（言語の「恣意性」には、もう一つ、《犬》を「いぬ」と呼ぼうと「DOG」と呼ぼうと構わないという、事物と記号の関係の自由を指すことがあるが、ここでは重要でない）。即ち、言語の「恣意性」は差異設定の恣意性であり、従って、同時に事象の境界の恣意性、世界の認識の恣意性、概念形成の恣意性を意味しているのである。

　ここで、これまで紹介した限りでのソシュールの言語論を要約しておこう。まず対象的事物があり、次にその認識（概念化）があり、最後にそれを表す記号として言葉があるという古い言語観を彼は完全にひっくり返す。否定は三つの形で行われた。第一に、認識された事物の命名として言葉が生まれるのではなく「はじめにコトバありき」という順序の逆転である（言語決定論あるいは丸山氏の言う唯言論）。第二に、概念は一定の単位としてあるという一種の実体論から、実は相互間の〈差異こそすべて〉という関係論への転換である。第三に、言語的分節は（つまり外界のカテゴリー化は）恣意的な人工物にすぎないという、現にある言語や概念の自然的根拠の否定である（ちなみにこのような考え方は、第一の言語決定論とあいまって、言語が違う文化圏では外界の概念化形式が違い、従って外界の認知形態も違ってくるという文化相対論、いわゆるサピア＝ウォーフの仮説を導く）。しかし、この三つのテーゼについて、私たちは若干の疑問を呈することができる。

まず「コトバ以前には、コトバが指すべき事物も概念も存在しない」とすれば、言葉を学ぶ以前の子供には事物も概念も存在しないことになるだろう。ヘレン・ケラーは六歳の時〈水〉が「WATER」という記号をもつことを学び、以後彼女にとって世界のありかたは一変したという。これはいかにも言葉の学習によって概念が存在しはじめた好例であるかのように見える。しかし彼女の自伝を読めば、それ以前から彼女はすでに外界について知識をもち、身振りによって意志の疎通をしていたことがわかる。たとえばアイスクリームが欲しい時には、アイスクリーム機を動かす動作をし、冷たさを表すために震えてみせたという(15)。幼いヘレンにはアイスクリームという事物も概念も存在していたのである。世界は「混沌たるカオスの如き連続体」であったわけではない（もっとも、ソシュールの「コトバ」は単なる言語記号のことではなく、記号をともなう分節行為、差異化の運動であると考えられるから、ヘレンの場合も指文字を知る以前からコトバは存在していたのであり、彼女の身振りはそのコトバの記号であるというかもしれない。それでは、彼女が手まねでアイスクリーム機を動かし、身体を震わせるという動作を発明する以前には、その動作が指すべき事物も概念も存在していなかったというのだろうか）。サリバン女史がWATERという指文字によって教え、ヘレンが理解したことは、ヘレン自身の記述によれば「物にはみな名前がある(16)」ということであった。その後彼女は次々と物の名前を学んでゆくのだが、それは名前を学ぶことによって外界の分節を学ぶというよりも、あらかじめ知っている事物を指して（触れて）その名前を聞くという形をとった（実際子供は「これなあに」と名前を聞きたがる時期がある）。むろんその過程で事物の概念設定が訂正されることはあったろうし、後には全く言語によって初めて概念を形成することも（とくに抽象概念の場合は）行われたろう。しかし少なくともその当初は、既に知る諸事物にラベルを貼るという形で言語の習得が行われたのである。いや自伝はあてにならない、作者自身に悪意はなくとも、記憶の間違いや小説的粉飾が紛れ込みやすい、と言うかもしれない。それなら心理学者の研究を引こう。レネバーグは「先天性聾児の認知機能は、かれらが読み、書き、あるいは読唇術を習得する以前に（すなわち、言語を獲得する以前に）、すでにほぼ聾でない同年齢の正常児に等しい」という事実が知られていると言う(17)。さらに彼はいくつかの自らの実験を報告し、こう結論する。「言語能力が損なわれても、基本的な体制化の能力が損なわれることを示唆する事実はない(18)」と。私たちはヘレン・ケラーの記述を信じてもよいであろう。

しかし、とさらに言うかもしれない。外界を分節し、体制化する能力があることと、その能力を用いてどのように外界を体制化するかは別のことである。言語は、いかに外界を体制化するかを左右するのである。その好い例が虹の認知である。ある地域では虹は七色から成り、別の地域では六色、さらに別の地域では二色にしか区別されない。この相対性は言語によるものではないのか。

けれども、本当に私たちは虹を七色に見ているのだろうか。なるほど「虹は七色」というのは日本での約束事であり、虹の絵を描く時には七つの色を使うだろうし、「虹」という語を忘れたら「ほら七色のやつ」などと言うだろう。だが、実際に空にかかる虹を見る時、明確な境界に区切られた七つの色の帯を見ているだろうか。少なくとも、私の場合、三、四の目に立つ色の部分と、その色がしだいに融けて隣の色に移ってゆく曖昧な部分とが見えるだけである。七色の帯などは目を凝らしても見えない。もちろん私の個人的経験などあてにはならないから、再び心理学者の報告を聞くことにしよう。

バーリンとケイは当時の主流であった言語相対論に疑問をいだき、その代表的な論拠である「色の認知の相対性」を徹底的に検証してみることにした。彼等は百に近い民族の色名と色の認知について調査・実験を行い、一九六九年『基本色名―その普遍性と進化』と題する本を著した。まず基本色名は言語によって二から十一の間であることが明らかとなった。ここまではウォーフの言う言語相対性を実証しているように見える。しかしバーリンとケイはこの数の違う基本色名がそれぞれ何を指しているかを問題にした。これまで、色名の意味とは、その語があてはまる色の領域、あるいは他の色との境界（差異）であると考えられてきた。しかしここで彼らが注目したのは「らしさ」という現象である。たとえば私たちにとって、「赤」の語はマンセルの色彩表の一点ではなく、かなり広い領域にあてられるけれども、その中にはいかにも「赤らしい」色もあればそうでない色もある。そこでバーリンらは二十の異なる母国語をもつ人々にマンセル社の三二九枚の色彩標本を見せ、二つのことを求めたのである。被験者の母国語にXという色名があるとすれば、第一に、Xと呼び得る全ての色片を指定すること（色片は明度と色相を縦軸と横軸にして段階的に変化するよう並べてあるから、実際には一枚一枚を指定するよりも、ある領域を指定することになる。つまり「ここまでが『赤』でここからが『赤』ではない」と境界線を引く作業になる）。第二に、その中で最も典型的なXである色片を指さすことである（たとえば「これがいちばん赤らしい赤だ」と指定することである）。

すると人々は、典型例の方は簡単に指定できるにもかかわらず、色の範囲の決定には大いに悩むのが常であった（想像してみてほしい。マンセルの色彩表を前に、どこまでが「赤」でどこからが「橙」か、あなたに境界線が引けるだろうか）。しかも一週間の間をおいて同じ被験者に同じテストを三度繰り返すと、典型例はほとんど変わらないけれども、境界の方は揺れ動いて定まらないことも確かめられた。ここから、バーリンとケイは、ある色の典型とされるものをその色の「焦点」と呼び、次のように言う。

「我々は色のカテゴリーを語る時、その境界や全領域というより、カテゴリーの焦点を指しているのである(19)」

さらにこの実験の結果、驚くべきことが明らかとなった。色の焦点として人々が指差す色片は、いくつかの限られたグループに集中し、けっして恣意的に散らばりはしなかったのである。これは例えば、色名が三つしかない言語の「Xの焦点」と五つの言語の「Yの焦点」と私たちにとっての「赤の焦点」とがほぼ同じ色片であったということである。ほぼというのは、厳密に一点に集中するわけではなく、焦点とされる色片はいくぶんの広がりをもつからだが、しかし、この焦点のズレは、異なる言語間の違いよりも同言語内の個人差の方が大きいくらいであった。こうなると、言語や文化の違いにもかかわらず、色の焦点には普遍的な一致が見られると言ってよいであろう。

色名の数が違えば当然色の領域は違ってくる。ある言語では赤と橙と黄色を区別するのに、別の言語ではみな「X」で間に合わせてしまったりするからである。しかし、色を領域によってではなく、焦点によって考えると別の事態が見えてくる。Xの領域がどうであろうと（もともと領域はあまり当てにならない）、その焦点が私たちの言う「赤」であるならば、「X」を「赤」と呼ぶことにする。では言語によってどのような色名の組み合わせが採用されているのか。色名が二つの場合は、色を区別しているというよりも明暗を区別しているだけだから、「白」と「黒」ということになるのは当然であろう。では色名が三つの場合はどうか。その内二つが白と黒であるとしても、三つ目の色は（基本色彩語は十一だから）九通りの可能性がある。ところがバーリンとケイの調査は、第三の色が必ず「赤」であることを明らかにしたのである。色名が四つの場合には、白黒赤はそのままで、これに黄または緑が加わった。五つなら黄と緑の両方である。六つ目には青が、七つ目には茶が加わり、八つ目以降は順序は定まらないが、灰・紫・桃・橙であった。この結果は、色名の数が増えてゆく時、恣意的に色が選ばれるわけではなく、一定の法則をもっていることを意味していた。

彼らの発見した事実は、私たちの色の概念が、色彩間の「境界」の設定によってではなく、「焦点」への注目によって形成されるのではないかという推測を生じさせるだろう。少なくとも、ここで確認された色名構成の法則性と色の焦点の普遍性は、ウォーフの「言語相対性」仮説を疑わせるものであった（右の法則は、その後の研究によって修正を受け、今日ではもう少し複雑な図式になっている。しかし基本的には変わりがないと言ってよい。また焦点色としてなぜ特定の色が選ばれるかについては、その後ケイとマクダニエルの視神経細胞の研究によって、神経生理学的な根拠が確認された）。

これを受けて、さらに決定的な色彩認知の実験を行ったのがロシュである。彼女は、色名を二つしか持たないニューギニアのダニ族とアメリカ人とを対象に実験を行い、言語構造が実際の色の認知や記憶に影響しないことを証明した[20]。たとえば、ウォーフ仮説が正しければ、同じ名前で異なる色の方がもともと名前の異なる色よりも混同しやすいはずであるが、そんなことはなかった。しかしより決定的であったのは、色片に対する言語表現から算出された色彩空間と、色の認知や記憶の仕方から算出された色彩空間の間に相関がなかったことである。その数値は、言語構造が恣意的で文化によって異なりながらも、認知構造は私たちの生理的知覚機能によって決まることを示唆していた。つまり、少なくとも色に関しては、コトバは認識を左右しないのである。これは言語相対論に対する完全な反証であった。そこでロシュのこの論文は、ウォーフ仮説を葬り去ったものとしてしばしば引用される古典的研究となった。しかし人はあまり言わないけれども、この研究はもう一つ大きな問題を提起しているように思われる。それは、私たちが構造の異なる二つの色彩空間をもっているということである。そしてもしこれが色だけ限ったことでないとしたら、私たちは外界を二重の形で構造化しているのかもしれないのである。だがこれは当面の問題ではない。

ロシュの以後の研究はもっぱら「カテゴリー」としての概念の問題に絞られてくる。そこで彼女が注目したのは、色名が領域や境界ではなく焦点を指しているというバーリンらの考えであった。カテゴリーとは焦点つまり典型を拠り所に構成されてゆくのではないのか。ロシュは、ダニ族には幾何学図形を表す言葉がないことに注目し、カテゴリー形成の実験を行った。彼らに、西欧的な色と図形の概念を、それを表す言葉とともに教え、どのようにその概念が形成されていくかを調べたのである。すると、目に立つ色（焦点色）、目に立つ形態の事例を中心にカテゴリーが形成されてゆくことが確かめられた。この、知覚しやすい目に立つ事例をロシュは「プロトタイプ（原型）」と呼んだ(21)。プロトタイプとは、カテゴリーの中でもっともそれらしい事例、典型例であると言ってもよい。即ち、色や図形の概念は、境界線によって切り取られた領域としてではなく、「プロトタイプ・のようなもの」として理解されたのであった。さらにロシュは、動物、家具、乗物といった日常の事物のカテゴリーについても、色や図形の場合と同様、カテゴリーの内部は典型的メンバーからそうでないものまで、典型度の序列構造があることを確かめていった。ロシュは言う。「多くの実験の示すところによれば、カテゴリーが精神の中にコード化されるのは、そのカテゴリーの個々のメンバーのリストによってでもなく、カテゴリーのメンバーであるためその必要十分な形式的基準のリストによってでもなく、むしろ典型的なカテゴリーメンバー、即ちプロトタイプによってである（22）」。

この一連の研究は、認知科学における概念論の分水嶺となった。今では、一般にこれ以前の概念論を「古典的」、ロシュの研究を踏まえる概念論を「非古典的」あるいは「自然的」と呼ぶ。古典的理論とは、概念を（学者の使用する「〜だ」的概念のように）明確な内容と境界をもつものとして考えるものである。たとえば「犬」の概念は〈しかじかの特徴を持つ動物〉というふうに定義される。この定義は概念の意味内容と言ってもいいのだが、しばしば難しく「内包」と呼ばれる。そしてこの定義があてはまる実際の事象、たとえばその辺に寝転がっている《しかじかの特徴をもつ動物》を指示対象と言い、その集合を「外延」と呼ぶ。要するに事物の概念の場合、内包とはカテゴリー・メンバーの持つ共通特徴のことであり、外延とはカテゴリーに属する全個体のことである。言うまでもなく、この考え方は、「類」と「種差」によってカテゴリー分類を行ったアリストテレスの流れを汲むものである。現代の学者はこの「種差」を「基準特徴」とか「定義的性質」とか言い換えているにすぎない。特定の特徴の有無によって截然とカテゴリーを分類するというやり方にかわりはない。特徴は有るか無いかのどちらかであり、従ってある事例はあるカテゴリーのメンバーであるかないかのどちらかである。このような古典的理論について、次の三つの性格を指摘できる。第一に、一つのカテゴリーの全メンバーは共通の特徴を持つこと。しかもその特徴は他のカテゴリーのメンバーは決して持たないようなものであること（基準特徴の有無によってカテゴリーを定義するのだからこれは当然である）。第二に、カテゴリー間の境界が明確であること（カテゴリーは特徴の有無という境界線の設定によって生じた領域なのだから、他の何が曖昧でも、この境界線だけは明確なはずである）。第三に、メンバーはみな平等にメンバーであって、より典型的なものとそうでないものといった、カテゴリー所属の程度についての序列はないこと（所属の基準は特徴の有無であり、それが有るものはみな同じ程度にメンバーであり、無ければ全くメンバーではないのだから、「らしさの度合」などというものは定義上生じない）。

こうしてみると、先に風船玉の比喩によって説明された「概念イコール差異」説は、古典的概念論の一変種にほかならない。違いは、「定義的性質の有無」という実体論的な用語を「差異」（différence）という関係論的用語に置き換えたことである。しかしもともとアリストテレスが「種差」（diaphora, ラテン語では differentia）という言葉を使っていたことを考えれば、これは殆ど同じことの言い換えにすぎない。「差異」とはカテゴリー間の境界線であり、この境界の設定によってカテゴリーが初めて生じ、外界が体系的に分節されてゆくのだとする考えは、右の古典的概念論の三つの特性を全て備えている。

これに対し、ロシュは三つのことを明らかにした。第一に、カテゴリーがプロトタイプを中心にして構成され、メンバーの間にはより「らしいもの」と「らしくないもの」という序列があること。第二に、その「らしくない」末端部分では、メンバーであるかどうか怪しいものがあること。つまりカテゴリー間の境界は曖昧であること。第三に、カテゴリーの全メンバーに共通であるような基準特徴（種差）はなく、ただヴィトゲンシュタインのいう「家族的類似」の網の目が見られること、である。

補記――現代論理学は名辞を定義的性質によって定義してきた。たとえば「人間」とは人間であるための必要十分条件を与える一定の性質の連言（理性、動物性等）の言い換え（省略形）だというわけである。こういう規定は論理的操作には都合がいいが、人間の概念の実態には合わない（フォーダーらによれば、必要十分条件説が妥当しそうなのは専門用語、親族用語、公理系などむしろ特殊なケースである(23)）。そこで最近では（サールの一九五八年の論文(24)以来）、必要十分な「定義的性質」の代わりに水増しされた「一群の性質」（基準属性の集合）によって名辞を定義し、個々のケースではその群の中のいくつかを備えていればよいとする（群概念理論）。同様の路線変更が認知科学でも生じた。カテゴリーの概念とされる「属性の束」とか「基準特徴の集合」を冗長性のある規定とみなし、ある事例はその属性のいくつかをそなえていれば、そのカテゴリーのメンバーとして認知される、という論である。またカテゴリーの境界にある曖昧事例はある種の属性を欠くものであり、これは一〇〇パーセントではないがある程度はカテゴリーのメンバーなのだとする説明もある（ファジイ集合論）。たしかにこれらは古典的概念論の欠陥を免れている。カテゴリー内のメンバーの「らしさ」の序列は持ち合わせる属性の多少で説明できるし、プロトタイプとは最多の属性をもつものとみなすことができる。また属性の少ないものはカテゴリー所属が曖昧になるので、カテゴリー境界の曖昧さも説明できる。さらに各メンバーのもつ属性の組み合わせは多様であるから、家族的類似の現象も説明できる。ロシュのその後の論文を読むと、彼女自身もこの説に傾いていったように見える。ようやく行動主義から脱け出したら今度はコンピューターとのアナロジーが流行というアメリカの認知科学界の風土を考えれば、この客観主義的・構造分析的カテゴリー論も理解できないでもない。しかしこれは要素還元的にカテゴリーを解釈する点で、基本的にアリストテレス以来の種差によるカテゴリー定義と変わりはない。さらにジャッケンドフは、この説では基準属性が一つしかないのに境界が曖昧になるケースを説明できないことを指摘している（たとえば椀型の容器が「カップ」になるか「ボウル」

になるかは高さと幅の比率というただ一つの基準しかないが、その境界は曖昧である(25)。群概念理論を評して、実によくできた理論で欠点といえば間違っていることだけだと言ったクリプキが、虎や金など自然種を表す名辞について「物は与えられた見本（のほとんど）によって例示されている種として定義される(26)」としたのは興味深い。またカテゴリーと事例を「タイプ」と「トークン」として考えるジャッケンドフも、タイプの学習は事例に依存することを指摘している(27)。私たちはカテゴリーを、少なくとも初めは事例をもとに形成され、のちに各々の文化のもつ構造的世界観に従って構造化的修正を受けるものと考えた方がよいだろう。そして与えられた事例を要素の集合に分解することによってではなく、全体としての〈意味〉をそこに生起させることによってその「らしさ」を認知するのだと考えたい。だがこれは後章の課題である。

私たちは概念についての古典的見解を捨てることにしよう。カテゴリーの基礎にあるものはプロトタイプに典型的に体現されている「らしさ」であると考えよう。つまり「差異」の設定によってカテゴリーが分類されるのではなく、典型的事例をもとに、同じ「らしさ」を示すものがカテゴリーを形成してゆくと考えるのである。と言っても、「差異」（基準特徴の有無）によるカテゴリーを全く否定するわけではない。誰かが定義によって作りだした人工的な概念（たとえば〈奇数〉〈虚数〉）や、学者が学問的必要から決定したカテゴリー（たとえば生物学者の〈イヌ科〉〈ネコ科〉）は「差異」によって作り出されたものであることは認めねばならない。ただ私たちの自然に身につける概念（事物についての日常的概念）は「らしさ」をよりどころに「プロトタイプのようなもの」として形成されてくる、ということである。

一　**補記**――カテゴリー概念とプロトタイプの関係については議論のあるところである。カテゴリーを表す言葉を聞くとき、私たちが意識に喚び起こすものは（つまり概念は）プロトタイプの表象であるという解釈が広まり、これが問題の種となった。というのも、これではプロトタイプがカテゴリーの概念そのもの、少なくとも概念の一部であるかのように受けとれるからである。もっともロシュ自身、「プロトタイプ」の用語を使い始めた当初は、自分でもその概念が曖昧であったことを認めている(28)。彼女はプロトタイプの概念によって人々が説明しようとした事象の多くは属性の束という考えで説明できるとし、カテゴリーの認知、表象、学習の理論にプロトタイプを利用することに否定的になっていった(29)。プロトタイプの概念があまりにも衝撃的であったためにロシュの手を離れて一人歩きし、さまざまの大胆な見解を生み、それらへの古典的理論からの批判が結局ロシュの方へはねかえってきたという困惑がここには表れている。実は「プロトタイプ」概念のはらむ可能性はロシュ自身の考えるより大きいかもしれないのだが、ここでは彼女の説の内側に踏みとどまることにして、とりあえず次のように言っておこう。まず「プロトタイプ」とはあるカテゴリーの最も典型的な（あるいは理想的な）事例である。同一カテゴリー内のメンバーは典型性の度合を異にし、典型度の高いものほど記憶しやすく、想起しやすく、認知しやすい。最も典型的なプロトタイプはカテゴリーを代表し、またカテゴリーの表象は他のメンバーよりもプロトタイプと密接な関係をもつ。だが私たちは或るカテゴリーの名前を聞いても、常にそのプロトタイプを思い浮かべるわけではない（たとえば「犬」ときいていちいち典型的犬を想い出したりしない）。また、ある事例があるカテゴリーに属するかどうかを判断するのにプロトタイプの表象を必要としない（目の前の生き物が「犬」であるかないかを言うのに、いちいちプロトタイプの犬と比較検討するわけではない）。また、あるカテゴリーを事例によって学習するのに、必ずしもそのカテゴリーのプロトタイプとされている事例を与えられる必要はないし、非プロトタイプ事例から心中にプロトタイプの表象を構成するわけでもない、と。ではプロトタイプの役割は何か。人がカテゴリーを形成するさいに、事例の典型性は重要な役割を果たすであろう。

私たちが概念を学ぶとき、その手掛りとして与えられる事例を「基礎事例」と呼ぼう。私たちはこの基礎事例をとりあえず代表的な事例とみなすことによってカテゴリーを形成していくのではないか。たとえば子供はうちの《ポチ》を典型事例とみなすことによって〈犬〉の概念を形成してゆくだろう。のちにポチはかなり風変わりな犬であることが判明するにしても。事例の少ないカテゴリー形成の初期にあっては、基礎事例はプロトタイプとして機能し、芋づる式カテゴリーが拡大するに応じてそのプロトタイプも変わってゆく（人々がプロトタイプとみなすものに一致してゆく）のである。このような基礎事例は「主観的」なプロトタイプであると言うことができる。この意味でなら、プロトタイプはカテゴリー形成において重要な役割を果たすと言えよう。そして隠喩とは、所与の事例をプロトタイプとみなすことによってその効果を生じるような仕掛けなのである。なお、カテゴリーごとに「客観的」なプロトタイプが決まっていると考えるのは問題がある。実際のカテゴリーは複雑に芋づるが絡みあっており、カテゴリーの「らしさ」はただ一つではない。視点によっても何を典型とするかは違ってくるし、その事例が必ずしもカテゴリーの「らしさ」を百パーセント備えているわけでもない。また「らしさ」を完全にそなえる事例がただ一つとはかぎらない。従って「プロトタイプ」をカテゴリーにただ一つの客観的理想的事例と考えるのは現実的ではないだろう（色の場合はむしろ例外的なのである）。本章で「プロトタイプ」をあたかもカテゴリーを唯一代表《プロトタイプ》する理想型であるかのように語っている部分があるとすれば、それは「『プロトタイプ』の典型事例」を取り上げているからにすぎないと解されたい。

さて私たちは、多少回り道をしたけれども、学者の操作する人工的カテゴリーは「差異」に基づくとしても、人が普段使っている自然のカテゴリーは「らしさ」に基づいているということを確かめて、ようやく話を元に戻すことができる。

4　プロトタイプと隠喩

ある芋づる式カテゴリー（「のようなもの」のグループ）の典型事例を表すラベルを、私たちは先に「代表詞」と呼び、これはそのカテゴリーの他のメンバーのラベルとして転用できるものであるとした。この典型事例、つまりカテゴリーの「らしさ」を理想的に体現している事例をロシュにならって「プロトタイプ」と呼んでもいい。

人は、未知のものを、既知の事例のようなものとして認知し、それが何であるか（つまり何のカテゴリーに属するか）をわかった気になることができる。しかも、プロトタイプのラベル（代表詞）をその事例に転用することさえある。たとえば幼児が《叔父》を「パパ」と呼ぶ時がそうである。そして、隠喩もまたその一ケースとして考えることができる。

A氏はどんな人かとたずねると、誰かが「あいつはドン・キホーテだ」と答えたとする。これまでの隠喩論では、聞き手は隠喩の認知、解読という二段階を経てこの表現を理解するのだと説明されてきた。まずA氏はドン・キホーテではないから、この表現は誤っている。ところでコンテクストはA氏の特性を問題にしているのだから、この「ドン・キホーテだ」はA氏の特性の記述にちがいない。しかしドン・キホーテという固有名詞は特性の述語づけとしては文法的におかしい。とすれば、そうか、これは意図的な非文法的表現、つまり「隠喩」なのだ！――これが隠喩の認知といわれるプロセスである。次に「ドン・キホーテ」の意味が解読される。ドン・キホーテは一般の通念として「無謀」「誇大妄想」「単純率直」等々の特徴をもつとされる。そこでこの文は「A氏は〈無謀〉等々である」という文法的に正しい文の言い換えである(代替説)とか、「A氏とドン・キホーテは〈無謀〉等々という点で似ている」(比較説)とか、「ドン・キホーテから連想される〈無謀〉等々の通念の体系がA氏にもあてはまる」(相互作用説)とか、「A氏はドン・キホーテの意味素である〈無謀〉等々を共有する」(意味素共有説)といった具合に解釈される。これが隠喩の解読である。

しかし私たちは本当に隠喩の認知などをしているのだろうか。「あいつはドン・キホーテだ」という文が非文法的であり、従って解読を要する特殊な表現だなどと考えるであろうか(文章を前にまず文法との整合を調べるというのなら、「ドン・キホーテ」をA氏の筆名とでも考えれば違法性はなくなる。なぜわざわざ違法性を見たがるのか。実は私たちはこの種の「文法の論理」をもともと気にしていないのではないか。だからこそ、筆名の可能性を考えてもみないのではないか)。さらに問おう。私たちはこの文を了解するのに「無謀」等々の観念を必要とするであろうか。いや、けっしてそのような二次的な観念を呼び起こす必要はない。私たちは「ドン・キホーテ」だけで十分にわかるべきことをわかるのである。しかも「無謀」等々の言葉をいくら並べても、「ドン・キホーテ」と等価ではないことは、誰もが認めるだろう(どの学者も、隠喩を非隠喩的言葉で言い換えれば、元の文の力を失うことは認めている)。

おそらく、隠喩は認知したり解読したりするものではないのだろう。それは、そのままで正しい表現なのである。たとえ学校で教える文法のルールとは違うとしても、私たちは「〜はドン・

キホーテだ」という文をドン・キホーテのままで了解するもう一つのルールを知っているのだと考えるべきであろう。

「あいつはドン・キホーテだ」と誰かが言う。この時私たちは、ドン・キホーテを分析してそれをA氏の性格とみなすのではなく、ドン・キホーテをそのままでA氏のプロトタイプとみなすのである。A氏の「らしさ」を理想的に体現しているのがドン・キホーテであると告げられて、私たちは、A氏がいかなる人物かを抽象的な概念の束によってではなく、具体的なドン・キホーテという人物によって理解するのである。〈A氏らしさ〉というもともと一種の手触りのあるものを、「無謀」等々の概念に置き換えればその手触りは失われてしまう。けれども〈ドン・キホーテらしさ〉という別の手触りを持つものによって置き換えるなら、私たちは〈A氏らしさ〉を、いわばその生命を失うことなく摑むことができるように思える。ある具体物を別の具体物のイメージによって理解すること、それがプロトタイプによる理解であり、私たちが子供の時から知っているもう一つのルールなのである。

別の言いかたをすれば、「あいつはドン・キホーテだ」とは、A氏をドン・キホーテの芋づるに結び付けて新たなカテゴリーを形成してみせることである。A氏はこのカテゴリー（ドン・キホーテ・のようなもの）のメンバーであり、ドン・キホーテはプロトタイプである。したがって「ドン・キホーテ」はこのカテゴリーの代表詞となる。つまり典型事例を指す固有名詞であると同時に、そのメンバーの誰にも転用できるラベルである。とすれば、「あいつはドン・キホーテだ」とは、いささかも非文法的ではない。

たしかに代表詞は正規の（とみなされている）文法の一部ではない。学者は文法を論理的なものとして構成しようとする。一語が二つものを指したり、異なるレベル（カテゴリーとメンバー、たとえば普通名詞と固有名詞）に転用されたりといったルールを認めたがらない。そこで隠喩的表現が「カテゴリー間違い」と呼ばれたりするのである。

　しかし、これをルール違反と見るおそらくもっと大きな理由がある。それは言葉を認識の手段としてよりも伝達の手段とみなし、文法をそのためのルールと考える傾向に由来する。これは、言葉とは概念（カテゴリー）の組み合わせによって何事かを伝達するものであり、その素材となる概念はすべて既知でなければならない、という考えを導く。とすれば、人が使用するカテゴリーはあらかじめ登録済のものでなければならないことになる。桂馬の動き方についてあらかじめ共通の了解がなければ将棋ができないように、「大きい」とか「赤い」というカテゴリーの意味があらかじめ知られていなければ「このりんごは大きくて赤い」といった言葉は伝達の役を果たさない。言語規則とは、この「大きい」などの意味を、既に登録済のものとして、話し手と聞き手の双方に与えるものである。ところが隠喩は、新しいカテゴリーをそのつど形成する。「あいつはドン・キホーテだ」とは、ドン・キホーテをプロトタイプとするカテゴリーを今作ってみた、ということなのである。幼児はこの方法によってカテゴリーを形成し、登録し、世界を構造化してゆく。しかし既に構造化した世界をもっている大人にとって、これは世界のカテゴリーを切り直し、再構造化を要請されていることである。「ドン・キホーテ」の隠喩は、人間を分類するための新たな視点を提案し、人の意味づけ方の新しい方法を示しているのだから。言い換えれば、この時言葉は認識の手段として用いられているのである（言うまでもなく、ここで「認識」とは、既知の概念の組み合わせで新しい命題を作ることではなく、概念そのものの新たな形成を意味している）。しかしこれは、文法即ち伝達のルールという考えから見れば、将棋の途中で突然新しい駒を発明するようなもので、ルール違反としか見えないであろう。そして隠喩を既存ルールの内部で理解しようとすれば、既知の概念の言い換えといった変則として処理する外はないであろう。

しかし隠喩を理解するとは、既知の概念に置き換えることではない。具体的な事例をそのままプロトタイプとして受け入れることである。そして新たなカテゴリーを形成することである。これはある意味で人々に新たな視点に立つことを教え、新たな世界の構造化をもたらすだろう。このことは、独創的な隠喩は、世界の相貌を一変させてしまうことさえあるという可能性を示唆している。詩人がこれを利用するのは当然であるだろう。

詩人はしばしば、自然なカテゴリーあるいは日常的なカテゴリーでは家族と見なされぬものを直喩や隠喩によって強引に結びつけ、不合理なカテゴリーを作り出す。たとえば紀貫之が「桜散る木の下風はさむからで空に知られぬ雪ぞ降りける」と詠んだ時、桜の散るさまは降る雪のイメージをプロトタイプとして理解される。植物の桜が水の結晶と同じカテゴリーにつながれてしまうわけである。しかしまた雪の方も、桜をメンバーに抱えこむことによって、その「らしさ」を取り出す視角を限定されることになる。雪は、桜の散るさまのもつ「らしさ」を最も純粋に体現したものとして見られなければならない。雪と桜を一本の芋づるでつなぐとは、その二つが同じカテゴリーのものとして見えてくるような視点に立つことである。このとき雪も桜も、それ以前には知られなかった「らしさ」を訴え始めるのである。

読者が隠喩を理解するとは、隠喩として与えられた事例をプロトタイプとしてこの不合理なカテゴリーを自ら形成することである。彼は、ものを見る新しい視点を獲得し、ものは新しい意味を語り始めるであろう。これはまた、既知のはずの言葉が、まさにその現場で独自の意味を生成してゆくことでもある。こうして創造的な隠喩（生きた隠喩）は、世界を異様な目で眺め、世界自身に新たな意味を語りださせるための手段となることができる。たとえば、

「世界は舞台。人みな役者」

この隠喩はシェイクスピアがどのような眼差しで世界や人を眺めていたかを告げている。この視点を私たちが共にするとき、人の振舞、世の有様はいささか違った様相を示すだろう。そしてたとえばこの視点から『ハムレット』を読み直すなら、もはやそれはもったいぶった悲劇ではありえないだろう。

（1）ウィトゲンシュタイン『哲学探究』六六—六七節、藤本隆志訳、ウィトゲンシュタイン全集8、大修館書店、六九—七〇頁
（2）同六八節、七一頁
（3）同六九節、七二頁
（4）宮崎清孝「理解と視点」、佐伯胖編『認知心理学講座3　推論と理解』東京大学出版会、六九頁

（5）ウィトゲンシュタイン、前掲書、六九節七二頁
（6）ホーレンシュタイン『認知と言語』村田純一他訳、産業図書、六頁
（7）丸山圭三郎『ソシュールの思想』、岩波書店、一一六～一一八頁
（8）同、一一八頁
（9）同、一一八～一一九頁
（10）同右
（11）同右
（12）同、一二〇頁
（13）同、九七頁
（14）同、一三七頁
（15）ヘレン・ケラー『わたしの生涯』岩橋武夫訳、角川文庫、一七頁
（16）同、三一頁
（17）E・H・レネバーグ『言語の生物学的基礎』佐藤方哉＋神尾昭雄訳、大修館書店、三九〇頁
（18）同、三九九頁
（19）B. Berlin & P. Kay, *Basic Color Terms: Their Universality and Evolution* (Berkeley: University of California Press, 1969), 13.
（20）E. Rosch Heider & D. C.Olivier, "The Structure of the Color Space in Naming and Memory for Two Languages," *Cognitive Psychology* 3 (1972): 337-354（当時ロシュはハイダー姓を名乗っていた）
（21）E.H. Rosch, "Natural Categories," *Cognitive Psychology* 4 (1973): 328-350.
（22）E.H.Rosch, "Classification of real-world objects: Origins and representations in cognition," *La memoire semantique* (Paris: Bulletin de psychologie, 1976), repr., in P. N. Johnson-Laird and P. C. Wason, eds.,

Thinking (Cambridge: Cambridge University Press, 1977), 213.

(23) J.A. Forder, M. Garrett, E. Walker & C. Parkes, "Against Definitions," *Cognition* 8 (1980): 263-367. cited in R. Jackendoff, *Semantics and Cognition* (Cambridge, Massachusetts: The MIT Press, 1983), 120

(24) J.Searle, "Proper Names," *Mind* 67 (1958): 166-173

(25) R.Jackendoff, *Semantics and Cognition* (Cambridge, Massachusetts: The MIT Press, 1983), 116.

(26) S・A・クリプキ『名指しと必然性』八木沢敬＋野家啓一訳、産業図書、一六〇頁

(27) Jackendoff, 86, 92.

(28) E.Rosch, "Wittgenstein and Categorization Research in Cognitive Psychology," in M. Chapman and R.A. Dixon, eds. *Meaning and the Growth of Understanding: Wittgenstein's Significance for Developmental Phychology* (SpringerVerlag, 1987), 155

(29) E.Rosch, "Principles of Categorization," in E. Rosch and B. B. Lloyd, eds., *Cognition and Categorization* (Laurence Erlbaun Associates, 1978), 40-41.

三　「わかり」の仕組み——真理と納得

1　語の意味——定義と「らしさ」

「父」という言葉の意味をたずねられたら、人はどう答えるだろうか。たいていは「男の親」といった説明をするだろう。何人かは「ほら『パパ』のことよ」と簡単に片付けるかもしれない。よほど窮すれば「長島一茂の父が長島茂雄だ」と例をあげてみせるかもしれない。最初のものは記述的定義であり、二番目は同義語であり、最後のは用例である。辞書が採用している説明法もまたこの三つである。

定義と同義語はどう違うのか。定義は、未知の概念を既知の他概念の組み合わせによって説明することだけれども、同義語は同じ概念の別のラベルを差し出すにすぎない。つまり概念は既知だがラベルだけが未知であるというケースしか同義語は役に立たない（たとえば「パパ」は知っているが「父」は初耳というようなケース）。そこで辞書は普通、基本語彙についてはまず定義によって語義を決定しようとし、補助的に同義語や用例を用いる。他方、基本語彙の言い換えにすぎないような単語（たとえば「雪隠」や「あたりめ」）なら定義を略し、基本語彙である同義語を示してすませる。（この方針が曖昧だと循環に陥る。「黄色」を引くと「山吹色」、「山吹色」を引くと「黄色」では困るのだが、一般に日本の辞書は同義語に頼ることが多過ぎるような気がする。）

たとえば辞書で「父」の意味を調べると、たいてい「男の親」といったたぐいの定義が書かれている。アリストテレス風に言うなら〈親〉が類で〈男〉が種差であろうし、現代風に言えば〈親〉と〈男〉という二つの「意味素」をもつとか、〈親〉と〈男〉の二つのカテゴリー（集合）が重なりあった部分であるということになるだろう。親族概念の「父」の定義としてはまずこれで完全である。また定義を同じくする言葉、つまり同じ概念〈父〉を表す別の言葉である「お父さん」「パパ」「おやじ」などは、基本語彙「父」の同義語として説明することができる。実際、辞書でこれらの語を引けば、「父のこと」などと同義語をもって定義に代え、若干の用法の注をつけてすませるのが普通である（たとえば「父」と違って自分の父の呼称として使うことが多いとか、「おやじ」は親しみをもって呼ぶ場合だとか）。

さて私たちは、ここで二つの疑問を提出することができる。第一に、言葉の意味とは定義のことなのだろうか。第二に、同義語は本当に同じ意味を持つのだろうか。言語を使用の場面（パロール）から切り離し、制度としての言語体系（ラング）のみを考え、意味をその体系内で決定されている値とみなすなら、語義は定義可能である。また定義が同じであれば二つの言葉は当然同じ意味を持つ。従って、言語体系を決定ずみの制度とみなしてその構造を解剖しようとする従来の言語論は、どちらの問いにも「イエス」と答えるだろう。これには大別して二つの立場がある。

かりにこれを写像説と関係説と呼ぶことにしよう。

あらかじめ注釈を加えておけば、これらの立場は、語が複雑な含蓄を持ったり、コンテクストによってニュアンスを変えたりする現象に気がつかないわけではない。ただそれらは、基本的意味に付加された付随的意味、あるいは語の応用場面での二次的現象とみなすのである。たとえば概念を特徴によって定義しつつ、必要不可欠な定義的特徴と付随的な性格的特徴を区別したりする（たとえば「有翼」は「鳥」の定義的特徴だが、ペンギンを考慮すれば「飛べる」というのは性格的特徴となる。しかし実際には両者の区別は難しいだろう）。またバルトの記号学のように語の指示的意味（デノテーション）と随伴的意味（コノテーション）とを区別することもできる。しかしこの場合も、あくまでもデノテーションが語の基本的な意味であり、コノテーションは副次的な意味である。バルトによれば、記号表現（シニフィアン）の一次的な記号内容（シニフィエ）はデノテーションである。次の段階としてこの記号表現と記号内容が一体となって一つの記号表現として働き、その記号内容がコノテーションであるとされる。コノテーションとは従って「記号の記号」から生ずる二次的な意味にすぎない。このような考え方の背後には、コノテーションとはデノテーションという本来の意味のまわりにびらびらと飾りのようにまとわりついている余計ものであるという発想があるだろう。いずれにせよ、語の本来の意味というものが客観的にあると考え、それだけを取り扱う分には、意味は定義可能なものとなる。

さて写像説とは、言語体系を客観的世界の写しとみるものである。古典的には、ソシュールに批判された例の実体論がある。即ち、世界にはさまざまな事物（犬や猫）があらかじめ存在しており、ここに人間がやってきて、その各々に名前を与える。それが言語記号だというものである。この延長線上に自然科学の思想がある。即ち、世界は、いや宇宙は客観的構造をもっており、これを発見し言語化してゆくのが科学者の仕事だというものである。これが極端になると、犬や猫といった個々の種だけでなく、ツリー状の動物分類体系までが客観的実在であり、私たちの概念構造もまたこの体系の通りにできているという考えになる（コリンズとキリアンの意味ネットワーク・モデルにはこのような考えが前提されているようにみえる）。

もっとも写像説は必ずしも事物の実体的存在を前提にする必要はない。理論的には知覚的特徴の存在だけで足りる。一定の知覚的特徴の集合を人は〈犬〉とか〈猫〉という概念で捉えているだけだと考えればよいからである。〈犬〉は人為的概念だが、その特徴の方は生理的知覚だというわけである。実在の単位を実体から知覚的特徴に分解したこの要素還元的写像説は、ソシュールが古典的言語論に対して行った実体論批判を免れているだろう（要素としていかなる特徴を選び、どのように組み合わせるかは、全く文化によって異なるとする相対論から、生理的制約と地球環境の共通性によってほぼ決まってくるという決定論まで幅がありうるだろうが）。一定の特徴が知覚されたとき私たちはそれを「犬」と呼ぶのだとすれば、この「一定の特徴」こそ犬の概念の内包であり、即ち「犬」という言葉の意味である。この立場からは、語の意味はこの一定の特徴の記述によって定義できることになる（この「一定」の部分は、はじめ「必要十分条件」と考えられていたが、そのように厳格にすると具合が悪いことがわかってきたので、今日では曖昧性を許容するために「一群」とする改訂版が一般化しているが、要素的特徴の足し算によって概念を定義するという基本方針に変わりはない。六九頁補記参照）。これに従えば、概念の基礎となる諸特徴は実在の側にあるから、概念は恣意的な虚構ではない。従って概念を記述した言語は、その実在との対応が正しいか否かを問うことができる。即ち真偽を問える。

一方、関係説とは、概念の根拠を客観的実在ではなく、主観の側の関係設定の行為におくものである。外界は混沌たる刺激の連続体にすぎず、これを人は恣意的に分節し、関係の網の目をかぶせることによって、世界を構造化してゆく。カオスは対立（差異）の設定によって分断され、切り取られた断片が名前を与えられて概念となる。こうして、世界の分節、関係の設定、言葉の付与（命名）、概念の形成などは同じ行為の異なる側面にすぎない。これは前章で紹介したソシュール流の考え方であるが、実は東洋では二千年前から親しい思想である。

仏教の中観派の言語論では、言葉はすべて相対的関係から生じた人為の仮構であり、親子や男女というのはその典型的なものとされている。もしこの世に男しかいなければ、〈男〉という概念は必要がない。〈人〉があれば足りるからである。男女の両者を区別するために、〈男〉と〈女〉の概念を必要としたのである。つまりこの両者は互いに他に依存して生起した（依他起生）関係概念であって、一方だけで自立することはできない。別の言いかたをすれば、人は男女の「差異」を定義したのであって、〈男〉それ自体の定義をしたのではない。〈男〉の概念を知るとは、男女の区別を知ることであって、それは必ず同時に〈女〉の概念を知ることを伴うのである。同様に〈親〉と〈子〉もまた関係概念であって、人は〈親子関係〉というものを知ることによって二つの概念を同時に知るのである。〈子〉の概念なしに〈親〉の概念だけを知ることはできない。このゆえに、仏教者は、時に「親は子から生まれる」といった逆説を弄する（〈子〉の概念を知って初めて〈親〉の概念を知ることができる、あるいは子が生まれて初めて人は「親」と呼ばれることができるというほどのことなのだろうが、宗教家はとかく逆説的表現を好む）。とすれば、〈男〉と〈親〉からできている〈父〉などは、人為的に定義された関係概念の典型といってよい。

この論法は〈牛〉などの自然種にも適用されてゆく。《牛》という実体が有るのではなく、〈牛〉という概念があるにすぎない。しかもそれは〈牛〉の本質についての概念があるわけではなく、他の概念との相対的関係が設定されているにすぎない。ものの名前とは仮構にすぎず（仮名《けみょう》）、それが指すべき対象はじつは存在しない（「一切言説、仮名無実」『大乗起信論』）。こうして言語体系とは、客観的世界の写しではなく、人の主観が構築した関係の体系である。各概念は、体系内の位置を関係的に定義することによって決定できる。

この関係説が写像説と最も違ってくるのは、客観的実在と言語的記述との一致として定義される「真理」という観念が無意味になることであろう（当然ながら、文の意味とはその真理条件であるという考えも無意味になる）。これはたしかに重要な違いだが、その他の点では両者はむしろ折り合おうとしているように見える。関係説は必ずしも独我論になる必要はないし、写像説も必ずしも素朴な反映説である必要はないからである。外部環境や生理的条件の制約を否定しない関係説と、文化ごとの恣意的選択を否定しない写像説は限りなく歩みよってくる。実際、各国の言語がかなり構造を異にし、完全な翻訳が不可能であるという事実は、概念体系が文化によって異なること（カテゴリー化の恣意性）を示しているだろうが、同時に、それにもかかわらず、異なる言語のあいだでも相当程度まで翻訳可能であるという事実は、人類の概念形成がかなり共通の条件によって制約されていることを示しているだろう。結局、言語体系は完全に恣意的でもなく、完全に必然的でもない。現実的に考えるなら、二つの説は、ほぼ次のような点で一致するであろう。言語（ラング）は、それぞれの文化共同体が自然的制約の範囲内で相互主観的に構成した、概念とその記号表現についての体系であり、共同体内部の成員に対しては、生まれる前からあるような、個人を超えた制度として与えられる。成員はこれを学習することによって、他の成員と同じ記号体系を知り、互いにコミュニケーションすることができるようになる、と（「真偽」もまたこの共通ルール内で意義をもつ）。

　言語体系が外在的制度としてあるということは、その項目である語の意味は制度的に決定されているということである。言い換えれば、概念の根拠が自然的実在にあるか人為的設定にあるかはともかく、概念とそれを表す言語との記号関係はもともと人為的制度として成立したものである。従って、語の意味とはその概念的定義にほかならない。

　しかし語の意味を定義的意味と考えると具合の悪いケースがあることに言語学者は気がついている。理屈の上では、語の定義的意味と統語規則さえおぼえれば正しく言葉を使えるはずなのだが、実際の言葉の慣用はそれにぴったりとは一致しないからである。もちろん言い訳はある。慣用とは一種の規則違反が定着した特殊ケースだが、規則に例外はつきものだから仕方がない、というものである。だが、特殊例定着説では「規則違反だが確かにこういう言い方はある」というケースを説明できても、否定的な慣用つまり「規則違反ではないがこういう言い方はしない」というケースを説明できない。

たとえば、アメリカの言語学でしばしば引き合いに出される例に「バチェラー bachelor」の語がある。フィルモアの説明によれば、この語は「結婚していない成人男子」と定義される。しかしこの定義に当てはまるにもかかわらず、同棲しているゲイのカップルやターザンやヨハネ・パウロ二世（ローマ法王）を「バチェラー」と呼ぶのはおかしい。なぜか。この語は「結婚および結婚適齢期に関して一定の期待がある人間社会というコンテクストにおいてのみ」存在理由をもつからであるという(1)。つまりこの語は、定義を知るだけでなく、コンテクストの条件を知らなければ使用できないわけである。そして実際に定義の他に使用条件を知っているからこそ、英語を母国語とする人は、ローマ法王を「バチェラー」と呼べば「それはおかしい」と思うのである。

とすれば、人は言葉を学ぶ時、定義の他に使用可能なコンテクストを学ばねばならないわけだが、両者は別々に学ばれるのだろうか（外国語を単語帳で覚えるときはそうだが）。それとも使用コンテクストとは語の意味の一部に組み込まれているのだろうか。もしそうなら、言葉の意味とは定義だけではすまないことになる。私たちには日本語の方が考えやすいので、ここで「独身」という言葉をとりあげることにしよう。その定義は「結婚していない成人」であり、その使用のためのコンテクストの条件は「バチェラー」とほぼ同じである。

私たちは「独身」の語を単語帳で学ぶわけではない。実際の用例を通して覚えてゆくのである。そしてこの語が用いられるとき、その前後のコンテクストから、その事例にはいつも、結婚してしかるべきという状況（社会的習慣、周囲の期待、当人の能力や生き方）にありながら、あえて、もしくは意図せずして結婚していないという状態、さらにこれが示唆するある種の生活形態（独身貴族からうじの湧く不便まで幅はあるけれども）、およびそれに対する話し手の態度（羨望から同情まで）などが伴っていたであろう。このような用例の積み重ねから、「独身」の語は、単にある個人の特徴（「非・結婚」と「成人」）だけでなく、その個人をとりまく文化的社会的状況とそこに未婚のまま身を置くことによる生活の（精神的物理的な）形態を含意するであろう。それも、特徴とコンテクストとが別々にあるというよりも、あるコンテクストの中である特徴をもつことからくる全体的な状態のイメージが、〈独身らしさ〉として意識されるであろう。これを個人に属する特徴と環境に属する特徴に二分して考えるとき、定義と使用コンテクストという二つの規定が得られるにすぎない。しかし、実はこの〈独身らしさ〉は、両者の相互交渉の中に成立し、両者を不可分に含む全体像なのである。その理解は、「結婚」と「成人」という二つの概念を操作する知性の成果というよりも、結婚についてある種の期待が成立している社会の中で未婚のまま身を置くことが何を意味するかを思いやる想像力の成果であるといった方が近いかもしれない。その結果私たちは個々の人物について、彼や彼女が独身らしいか独身らしくないかを言うことができる。ターザンやローマ法王は確かに「独身らしくない」であろう。

ここから私たちは二つの疑問を呈することができる。一つは、ある言葉の用法が「おかしい」という判断は、定義との照合によってではなく、「らしさ」を持たないということとの直観に基づくのではないか、ということ。もう一つは、従って、「おかしい」という判断は「間違いだ」という判断と区別すべきではないか、ということである。

これまでの言語論では、ある文の使用の妥当性は、「正しい」か「間違い」かのどちらかしかなかった。文は言語規則によって生成され、妥当性は規則に合っているか否かのことであるとすれば、確かに「正しい」と「間違い」の二つしかない。だが実際にはどちらとも言えない場合が少なくない。そこでこれらは周辺事例とか境界事例などと呼ばれ、正しいと間違いの中間にあるものと考えられた。規則は完全に厳密であることはできないから、曖昧なケースがでることは仕方がない、というわけである。しかし「おかしい」とは規則にある程度あてはまりある程度外れているという判断なのだろうか。「間違い」と「おかしい」とはそもそも違う種類の判断ではないだろうか。そして「おかしい」とは実は「らしさ」に関わる判断ではあるまいか。

もっとも、言語学者が好んで引き合いにだすような言葉は特殊例にすぎないかもしれない。そこでもっと普通の言葉を取り上げよう。「父」と「おやじ」である。この二つはいずれも〈男の親〉として定義できる。つまり同義語である。

ある作家は子供たちに自分のことを「ちち」と呼ばせていたという。誰もこの呼称を「間違い」とは言わないだろうが、「おかしい」とは思うだろう。それは「父」と呼べるか呼べないかの境界事例であるからではない（理屈上は完全に呼べる）。ただ現代の日本語として、父親の呼称らしくないからである（多分「らしくない」からこそ彼はこの呼称を選んだのだろうが）。「お父さん」「パパ」「おやじ」と呼び掛けるのは自然なのに、なぜ「ちち」は不自然な感じがするのか。

また、野球選手が監督を、やくざの子分が親分を、部下が上司を話題にするとき「うちのおやじがね……」と語るのは自然だが、「うちの父がね……」と言うと異様に聞こえるのはなぜだろうか。もっともこの場合「おやじ」は〈男の親〉を指しているわけではなく、隠喩的転用がなされているわけである。ではなぜ、「おやじ」はこのような隠喩的転用がしやすく、「父」はしにくいのか。しかもこの転用は、実際には隠喩と感じられないほどに自然である。だから辞書によっては、この用法を正規の意味のリストに加えている。たとえば三省堂の国語辞典は「おやじ」の意味の一つに「職場のかしら」をあげている(他にも「中年以上の男」とか「飲食店などの主人」などをあげているが、これらはとりあえず無視しよう)。すると「おやじ」の語は〈男の親〉と〈職場のかしら〉という二つの定義的意味をもつことになるのだろうか。それとも定義は一つで、後者はその隠喩的転用にすぎないのだろうか。

多分普通は次のように説明されるだろう。「おやじ」で〈職場のかしら〉を指すのは、初め隠喩的転用であったが、慣用として定着したために事実上もう一つの定義的意味になってしまったのだ、と。では、なぜ「父」はそのような転用がなされないのに「おやじ」はそのような転用が思いつかれたのか。しかもそれが定着したのは、その転用があまりに自然であったためと思われるが、なぜ「おやじ」の語を〈職場のかしら〉に宛てることがおかしいと見えなかったのか。それはもともと、「父」と「おやじ」とでは意味が違うからではないだろうか。

ここで父とおやじの「らしさ」を考えてみよう。まず〈父らしさ〉とは何であろうか。

——補記——最初に学んだ「らしさ」がそのままの形で大人まで持ち越されるわけではない。「のようなものカテゴリー」は、たえざる新事例による修正を受け、その内容を変えてゆくからである。たとえば初めて「お父さん」の語を学ぶ子供は、それが〈男〉かつ〈親〉であるなどとは知るよしもないが、といって権威・支配・保護等の一般的な「らしさ」を理解するわけでもあるまい。目の前のたった一つの事例のもつ特徴や、それとの相互交渉の経験から、とりあえずその「らしさ」を作りあげるだけである。そして似たような「らしさ」を持つ者、たとえば叔父にこの名前を転用してみたりするだろう。彼が社会のステレオタイプ的観念である〈父らしさ〉を知るまでには、かなりの歳月の文化的学習が必要である。

それはおそらく、全体的印象として捉えられるものであって、要素的特徴の集合として記述するのは適当ではないようなものだろう。けれども、言葉とは不便なもので、記述は特徴の羅列という形をとるほかはない。と前置をした上で〈父らしさ〉の内容を考えると、「権威」「力」「支配」「保護」等といった言葉で表すことができよう。もちろんこれは「権威」等々の概念が〈父らしさ〉の内容を成しているということではない。むしろそれは、人間のある種の怒り方、ある種の力のふるい方、ある種の保護の仕方、ある種の頑なさ等々の、複雑にまた曖昧に重なりあったイメージである。しかし大事なことは、それが父の側の特徴であるばかりではなく、そのような父に向かい合う子供の側の、ある種の畏怖の気分、ある種の服従の仕方、ある種の安心感や反抗心などのイメージをも含んでいるということである。しかもそれらは、父の側と子の側（主体と客体、能動と受動）といった二つのものとしてあるのではなく、一体となっている。「権威」とは、皮膚の色のような特徴として父に属しているのではなく、強弱関係の作動している場として父と私の間に現れるものなのである。そのような場に私が弱者として身を置くことがどういうものであるかが、〈父らしさ〉の意味なのである。私たちは、父に叱られた時の恐怖感、反抗しようとして手足のすくんでしまった圧迫感、命令されるとついそのように動いてしまうという身体に染み込んだ習性、困った時には駆け込めばよいという依頼心、そのような経験や習慣から《父》に対して一種の心身の構えのようなものを用意する。この私たちの身についた構え（あるいは文化的に習得したその構えのイメージ）が〈父らしさ〉の内実なのである。

この〈父らしさ〉は、「父」と「おやじ」のいずれにもまとわりついている。では「父」にはなく「おやじ」だけにある「らしさ」とは何であろうか。ここで先に引いた辞書の「したしみの気持をふくんで」という用法の但し書を思い起こそう。これはそもそも言葉の意味についての記述なのだろうか。少なくとも、これは言葉で名指される対象の客観的な特徴の説明ではない。言葉の使い手の主観的な態度を表しているにすぎない。従ってもしこれが「おやじ」の意味に関わる記述であるとしても、その定義ではなく、「らしさ」に関わるにすぎない。この辞書の著者は、定義だけでは「おやじ」の意味を伝えられないことを知っていたのであろう。

私たちが誰かを「おやじ」と呼ぶ時、権威・力・保護等々が彼から自分に対して作動することを予期し、しかもそれを肯定的に受け入れる用意がある。というのも、彼と私の間には一種の相互信頼や一体感があり、たとえ彼の権力が時には理不尽な形で振るわれるとしても、総体としては私にとって快適な環境が保証されているからである。まわりくどい言い方をやめて便利な（便利すぎるのが問題なのだが）日本語を使えば、「甘え」が成り立っているからである。私が彼を「おやじ」と呼ぶとは、私が彼に対し〈甘えの許された子〉としての態度をとっているということなのである。そして彼の〈父らしさ〉の発動を、どうせ親子だからとたかを括りつつ甘受するということなのである。

〈おやじらしさ〉が、個人の特徴ではなく、人と人との関係場のありかた、つまり相手の私に対する振舞い方とそれに対する私の態度の組み合わせの形であるとすれば、「おやじ」が代表詞として隠喩的に転用される時は、やはりこのような状態が成り立つ相手に転用されるだろう。即ち、選手にとっての監督、部下にとっての上司、子分にとっての親分等々。もちろん〈おやじらしさ〉の成り立たない上司の場合には、部下は彼を「おやじ」と呼ぶのをためらうだろう。だから、小企業の社員が「今日、社長に叱られた」と言うのを聞くとつい彼の身の行く末を案じる人も、「今日おやじに叱られた」と言われるとさして深刻に受け取らない。社長を「おやじ」と呼べるということが、二人の間に甘えの関係があることを示唆し、甘えの地盤の上での叱責ならむしろ愛の鞭といったところだろうと想像されるからである。

《父》をわざわざ「父」ではなく「おやじ」と呼ぶとき、ことに《父》以外のものを「おやじ」と呼ぶときには、必ず〈おやじらしさ〉が発動している。これに対し「父」の語は、必ずしも〈父らしさ〉の発動を期待されない。その定義的意味だけで使用されることができる。だから生物学者が実験動物の遺伝的特質を語るとき、その親の雄を「父」と呼ぶのはおかしくないが、「おやじ」と呼ぶとおかしく感じられるのである。

《父》に「ちち」と呼びかけることがおかしく感じられる理由も明らかであろう。ふつうの呼称である「お父さん」や「父さん」あるいは古めかしい「父上」などは、目上に対する敬意を表す接頭辞や接尾辞がついており、二人の間柄に対する態度表明が含まれている。「おやじ」や「パパ」には敬意の代わりに甘えが含まれている。これに対し、「ちち」には二人の間柄がどのような「らしさ」をもつかの含意がない。そして、〈父らしさ〉をもつものに対して、敬意も甘えもなく接するという間柄の設定は、日本文化のコンテクスト内では不自然なのである。それが〈父〉を「ちち」と呼ぶことのおかしさであり、たぶん先の作家がこの呼称を選んだ理由でもある。

こうして私たちは、単語の意味を考えるためには、定義的意味だけでなく、「らしさ」としてあるような意味をも考慮しなければならない。しかしここで明らかになったことは、「らしさ」は必ずしも単語の指す対象の特徴だけではないということである。「独身」や「おやじ」の例にみられるように、「らしさ」はある環境に身を置くとはどのようなものか、またそれに対してある構えをとるとはどのようなことかという、いわば対象と主体を含む場の様態として捉えねばならないことがある。この場合、「らしさ」は明瞭な輪郭をもつわけでもなく、そもそもその特質を客観的に記述することさえむつかしい。せいぜい用法の問題として〈例え〉によって示唆できるにすぎない。ここで辞書が定義と同義語のほかにしばしば用例をあげ、用法によって意味の説明を行っていることを思いだそう。用例とは、定義によっては表せない言葉の非対象的意味、即ち「らしさ」を典型事例の形で示すものなのである。

ところで、「らしさ」の意味が具体的な文例によって示されるようなものであるということは、ひょっとしたら次のことを示唆しているのかもしれない。即ち、定義的意味は制度として個々の発話に先立って決定されているけれども、「らしさ」の意味は誰かが何かについて語るという発話行為（文の生成）の中ではじめて現れてくるのではないかということである。ここで私たちは、語の意味というものを、単に語だけの問題として考えるのではなく、実際の使用の場面の中で考えてみなければならない。これは一面では、問題のレベルを語から文へと上げることである（ここで文というのは実際の使用単位という意味であり、一語文をも含む。子供が「パパ！」で〈パパが来た〉を表すのは立派に文である）。また一面では、問題の関心をラングからパロールに向け変えることである。

2　文の意味——制度と過程

言葉の意味を（実体としてであれ関係としてであれ）制度的定義として論じる時、意味はあたかも主観が取り扱う知識であるかのように扱われている。それは人の外に在って一定不変であり、人はそれを手に入れ（学習）、つかみ（理解）、収蔵し（記憶）、必要に応じて取り出し（想起）、操作する（推論）ものである。このような意味は、それを取り扱う主観にとって一つの対象なのである。もっとも、これは自然な考え方かもしれない。なぜなら私たちが「この言葉の意味は何か」と問う時、既に「意味」とは対象的に認識され、理解され、記述される何ものかであるということを前提しているし、このような問いの総括として「言葉の意味とは一般にどういうものか」という問いがあるのだから。この時、言葉の意味とは認識されたり理解されたりする対象だというのは当然の前提なのである。あまりに当然なので、たとえばここで「私が意味を捉えるのではなく、意味が私を捉えるのだ」とか「私は意味を認識するのではなく、意味を生きるのだ」などと言えば、奇嬌にしか聞こえないだろう。けれども、果たして意味とは対象として私に対面しているだけのものだろうか。右の奇嬌な言い分にもまたいくばくかの真実があるのではないだろうか。

語の意味とは定義的意味であるという考えの裏側には、多分次のような思考法がある。言葉とは、あるコト（客観的事態）を表す記号システムである。このシステムがコトを記号化する手順はこうである。まずコトは要素（モノや関係）に分解できる。要素はそれに対応する記号（語）に翻訳できる（符号化）。その記号を、設計図に従って部品を組み上げるように構築すれば（統語）、コトを表す文が生成できる。即ち、コトも文も、要素の集合であり、要素への分解と要素の構成というやりかたで両者を対応づけることができるわけである。この部品にあたる語彙は、いつでも利用できる材料として、あらかじめ社会から人々に配布されている。人は、工具箱から寸法のあったネジを拾い出すように、コトの各部分にぴったりと当てはまる単語を取り出せばよい。ただし、部品の寸法や組み立てのルールは、あらかじめ決まっている。なぜなら、言語体系とは、法律などと同じく、人の作ったものではあるが、個人からは独立した社会的制度であり、話し手が勝手にルールを変えることはできないからである。このルールは大別して二つの体系からなる。一つは語の意味であり、もう一つは語の組み立ての規則である。即ち、語の意味は、ルールとして決定ずみであり、個人に対してはいわば客観的なものとして与えられるのである。

このような考え方は、言葉を使用されるもの（パロール）としてではなく制度的体系（ラング）

として扱うものであり、言語制度説といってもいい。実は現在の言語学のほとんどはこの観点からの言語体系の研究であり、語の制度的意味の研究（意味論）や語の組み立て規則の研究（統語論）である。最近の語用論は言葉の使用の現場を対象にし、約束などの言葉が単なるコトの記述ではなく、話し手という主体の態度や意志を考慮に入れなければならないことを明らかにしたが、しかしこれとても語の意味や文法については客観的制度であることを疑わない。語用論とは、結局もう一つの制度、コミュニケーションのための現場のルールの研究になっていったのである（たとえばグライスの「協力の原理」の研究）。

このような研究方法、即ち問題の現象を要素に分解し、要素間の関係を明らかにすれば全体が解明されたとみなすという方法（いわゆる要素還元的方法）は、自然科学では大きな成果を上げてきた（最近の言語学でもっとも大きな成果とされるヤコブソンの構造主義的音韻論やチョムスキーの生成文法もこれである）。しかしこの方法は、研究対象が「客観的」な存在であり、つまり個々の主観とは無関係にあらかじめ決定済であり、研究とはその姿をあばいて明確に知ること（真理の発見）であるという科学観に基づいている。従って、要素も要素間の関係（構造）もあらかじめ決定済でなければならない。この科学観に基づく言語学は、当然ながら言語体系の基本単位である語の意味は決定済であるとの前提に立っているわけである。

私たちは言語体系（ラング）が制度として存在していることを否定することはできないし、それについての研究成果を軽んじることもできないだろう。しかしこれに対して、言葉の意味は使用に先立って決定されているわけではなく、そのつどの使用の現場において（つまりパロールにおいて）与えられるものだとする説があることにも注目しなければならない。時枝誠記とレネバーグの言語過程説がそれである。

時枝は、言語を制度としてではなく、「『語ったり』『読んだり』する活動それ自体(2)」として捉える。言い換えれば、人の外側にある客観的規約としてではなく、各人のそのつどの思考過程の表現（と理解）という「主体的活動」とみなす。この活動は次の三つの条件をもつ。

第一に言語活動の「主体」、つまり話し手。第二に主体の居る「場面」。この「場面」は、主体に対する対象的世界だけでなく、それに向かう主体の態度、気分、感情をも含むとされる。「場面は純客体的世界でもなく、又純主体的な志向作用でもなく、いはゞ主客の融合した世界」なのである(3)。第三に「素材」、つまりそれについて語られ、言語によって理解されるもの。表象、概念、事物がこれに当たる。「場面」とは「主体」の特定の構えから見られた世界であり、「素材」はこの具体的な場面の中ではじめてある「意味」をもつものとして捉えられる。言語活動とはこの「意味」の形成、表現、理解の過程である。場面が違えば同じ事物も捉え方は異なり、従って意味も違ってくるだろう。たとえば山道に歩き疲れた人が、木の枝を折り取って「いい杖ができた」と言う。このとき彼が手にしているものは何か。彼にとっては〈杖〉である。しかし他人が見れば単なる〈木の枝〉かもしれないし、彼をつけねらう者には〈木刀〉かもしれない。彼がこれを「杖」と呼んだのは、まさに彼にとって、杖として、出現したからである。彼はこれをまず〈木の枝〉として認知し、それを〈杖〉に仕立てたのではない。山道という状況が彼の身体を疲労させ、疲労した身体が支持の道具を求め、その目が周囲を探索していた。そこで彼が見つけたものは、初めから身体支持の道具、即ち〈杖〉であって、〈木の枝〉ではない。このとき「杖」の語は、主体が世界に対して今まさにどのような態度をとり、どのような意味を汲み出しているかを表している。

　このように主体がある構えをもってある対象に特定の意味を生じさせることを、時枝は「主体の意味作用」と呼ぶ。そしてこの「素材に対する把握の仕方即ち客体に対する意味作用そのもの」こそ「意味の本質」であるとする(4)。意味作用とは、ある対象を主体の関心に従って、何ものかとして捉えることであり、意味とはこの意味作用によって対象がとる私に対しての立ち現れ方にほかならない。

　時枝によれば、外界の素材は元来「言語主体にとって、何等意味のないものである。換言すれば、主体とは何の関係も持つてゐないものである」。主体がこれを特定の仕方で捉えることによってはじめて意味を生ずる。これは「机」だとか「杖」だとか。しかしこの場合「『ツクエ』といふ語は一個の事物に対する把握の仕方即ち意味の表現であって、事物そのものの表現とはいふことができない。若し素材に則していふならば、『ツクエ』として志向された対象の表現であるといふことが出来る(5)」だけである。「故に某々の語はこれこれのことを意味するといふことは、正しくは、某々の語によつて、これこれの事物に対する主体の意味的把握を表してゐると見るべきである(6)」し、「語の意味といふことは、従つて語を主体から切り離して論ずることは無意味であり、不可能(7)」なのである。言い換えれば、意味とは主体が志向対象についてめぐらす思考過程であり、そのつど経験し直される一回的な出来事である。

このように考えるならば、意味とはそのつどの語り手や聞き手（読み手）の生ける経験の中にのみあって、制度としてあるわけではないことになる。そこで時枝は、意味を音声（記号表現）に対応する表象や概念（記号内容）と考える言語観を「構成的言語観」と呼び、これは所詮「客体的世界」の研究であって意味の本質には届くまいと批判する（この批判は直接には伝ソシュールの『言語学原論』を念頭に置いているが、現代の大概の言語学の立場に対してもあてはまるだろう）。もっとも、言語体系という制度の一部として意味を論ずる者と時枝とでは、「意味」という語の意味が既に違うというべきかもしれない。前者にあっては、意味は、辞書に記述できるほど客観的な記号の関係であり、個人の外のルールである。一方、時枝にとっては、生ける主体の身構えに応じて立ち現れる事象の相貌である。もっとも、言語学者が辞書を書く時にはこの具体的な意味経験は必要がない。彼が書いているのは「言語についての言語」、つまりメタ言語であるから。そこで時枝は言う。「表現の素材は、具体的には常に主体の何らかの規定を受けてゐる。（中略）無規定な「山」は寧ろ抽象的にのみいはれるのである(8)」

実際に使用されるとき、言葉は常に具体的な意味を帯びるが、それは言語体系の中で抽象的に規定された意味とは別の次元に立っている。この二つの意味の違いを言葉で説明するのはむつかしい。たとえば「杖」は、いずれも〈身体を支える細長い物体〉といった記述になってしまうだろうから。記号関係を示すだけのメタ言語は具体的な意味を身に帯びることができないのである。しかし実際に「いい杖ができた」と言われるとき、この「杖」は〈この山道〉〈私の身体〉〈私の疲労〉等々の具体的な地盤に支えられて、その意味が受肉している。これに対し「杖」の抽象的定義は、現実と無関係に概念の関数として規定されているにすぎない。コンピューターは定義的意味を扱うことはできるけれども、受肉した意味を扱うことはできない。コンピューターは関数を操作することはできるけれども、意味を理解することはできないのだといってもよい。比喩的にいえば、食べられる餅と絵に描いた餅の違いに似ている。コンピューターはいずれもそれが「餅」であることを認識できる。しかし餅を食べることはできない。だが「意味の受肉」は話がこみいっているので別の章に譲ろう。そしてここではもっと控え目に、次のように言っておくにとどめよう。時枝の言語過程説によれば、言語活動（パロール）における意味は、そのつどの主体の思考過程の表現であり、従って一回的なもの、そのつど新たに生成されるものであり、言語制度（ラング）におけるような抽象的・普遍的意味とは別のものである、と。

もちろん時枝といえども、語彙や文法といった制度の存在を認めないわけではない。しかし意味は制度の中にはないのである。ただ、言語活動の中にある。それも固定した概念というより変動する過程として。人はこの活動のために既存の言語制度を利用する。そのときこのシステム自体が逆に人の認識や思考の活動を制約したり、誘導したりすることはあるだろう。しかし私たちのものの捉え方はしばしば既存の言語システムをはみ出す（言語制度が私たちの思考を完全に決定しているとする説は、「心に思うことをうまく言葉にできない」という私たちのありふれた経験を無視している）。このとき人はしばしば古い言葉に新しい意味をこめる。あるいは新たな言い回しを発明する。その目に立つものがレトリックと呼ばれることになるだろう。しかし目に立つといっても所詮程度の差にすぎず、いずれ言葉はそのつど話し手から意味を与えられているのではないか。このことを詳しく論じたのはレネバーグである。

レネバーグもまた、言葉の使用を、そのつどの認知過程の表現であるとみなして次のように言う。

「言語に含まれる意味を担う要素は、一般に、特定の物を表すのではなく（固有名詞は例外である）、さらに、厳密にいうならば、もののある一定不変のグループを表すのでもなく、ある認知過程、すなわち、カテゴリー化の行為ないし概念の形成そのものを表しているように見受けられる(9)」（傍点原文）

言語表現とは、既存のカテゴリー体系を環境に適用して認知した結果の表現ではなく、逆にそのつど環境をカテゴリー化した結果を既存の言語を借りて表したものだということである。つまり、カテゴリー化は前言語的に行われ、単語はあとからそのカテゴリーを表すために持ってこられる。従って単語の表すカテゴリーはそのつどの認知のしかたに応じて変化することになる。

「単語は、完成して後に貯蔵しておかれる概念のラベルではなく、カテゴリー化の過程ないしはそのような過程の集合体のラベルである。このように、基盤となる過程が動的なものであればこそ、単語の指示対象がたやすく変化し、意味が拡張され、カテゴリーが開かれたものでありうるのである。単語は、ヒトという種が認知作用に従って環境を処理する過程を名づけたものである(10)」（傍点原文）

私たちが言葉の学習によって学ぶのは、ある単語が表すカテゴリーそのものではなく、カテゴリー化の仕方であり、従って言葉を使うとは、制度的なカテゴリーに依存するというより、そのつど適当なカテゴリー化を行うことである。

「普遍的なのは、われわれの「カテゴリーを用いる計算方法」であり、カテゴリーそれ事態は固定されているのではなく、また多くの可能な操作のうち、いずれを選ぶかもあらかじめ決められてはいない。(11)」

この結果、話し手はしばしば従来のカテゴリー体系からはみ出したカテゴリーを作ってしまうことがある。しかし「カテゴリーを用いる計算方法」を共有している聞き手は、この新しいカテゴリーを理解することができる。たとえばhouseという語は〈家〉を表すだけでなく、House of Lords（英国上院）とかhouse of cards（危ない計画）とかhouse of God（教会）などに比喩的に転用される。レネバーグによれば、このような用法が容易に生じ、聞き手が苦もなく理解できるのは、カテゴリー化が固定した規則ではなく、常に創造的な過程であるからである(12)（なお彼のいう「カテゴリーの計算方法」とは、「らしさ」による〈のようなものカテゴリー〉を作る方法のことだと考えてよいだろう。英国人は上院や教会に〈家らしさ〉を見出し〈家のようなもの〉のカテゴリーに繰り入れてしまうことができたわけである）。

ここには、言葉の正常な用法と比喩的な用法とは区別できないという考え方がある。そもそも「字義通りの意味」と「比喩的意味」という区別は、言葉の意味が一定不変であるという前提に基づく。しかしレネバーグに従うなら、言葉は一定のカテゴリーを表す記号ではない。話し手のそのつどの認知過程、つまり前言語的なカテゴリー化を表現する。このカテゴリー化はそのつどの現実の必要性に従うものだから一定不変のカテゴリーだけで問に合うものではない。言語使用とは、結局、ありあわせの言葉による間に合わせの表現にすぎない。さいわい「統語規則ばかりでなく、語彙もまたある過程の現れであるから、個人はかなり自由に、語彙を独特の仕方で使うことができる(13)」のである。ただそのつどのカテゴリー化はステレオタイプ的なものから創造的なものまで幅があるだろう。私たちが字義通りの表現と呼ぶものは、その中で比較的ステレオタイプ的なもののことであり、比喩と呼ぶものは、その中で比較的創造的なもののことにすぎないのかもしれない（余りにもステレオタイプな比喩は「死んだ隠喩」と呼ばれる。たとえば「椅子の脚」）。

このような見解は、言語体系が個人に対して所与であり、認知過程はこの言語的枠組みによって左右されるとする、あの「始めに言葉ありき」論と対立する。レネバーグはこの問題を避けて通ることはしない。彼は実験を行い、言語能力に障害のある児童が認知能力において健常児に劣らないことを確かめた上で、こう結論する。

「話し手たちは、各自、自分自身の認知過程に自由にラベルを与えるように、単語を用いることができる。したがって、その言語によって規定された、静的な語彙によって、話し手の認知能力が制約されているとは思われない。(14)」（傍点原文）

レネバーグ自身がそう自称しているわけではないけれども、時枝説に与えられた名称を借りて、私たちは両者の説をともに言語過程説と呼んでよいであろう。このような説の背後にあるのは次のような考え方である。私たちが何事かを語ろうとするとき、その叙述さるべきコトとは客観的事態ではない。その時の語る主体にとって立ち現れている事態である。認知心理学の用語を使えば、特定の視点から見られた「見え」である（個人的には余り好きな言い方ではないが、確かにほかに適当な言葉もない。「射映的現相」などと言うよりはまだ日本語らしいので、これに従う)。「見え」は視点なしには成立しない。つまり「見え」は客観的事態ではなく、主体と状況との関係、対象に対する主体の構えなどを反映している。言い換えれば、「見え」とは、ある構えをもった主体がそのとき対象から汲み出した意味、あるいは対象に与えた意味にほかならない。たとえば《テレビ》は、運送屋には家具に見えるが、保険会社には家具に見えないであろう。前者の眼は運搬すべきものを探しており、後者の眼は火事のさいに補償すべきものを選んでいるからである。あるいは、「景気はどうだい」ときかれて「土砂降りだよ」と答えるのは、単に〈景気が悪い〉という客観的事態の言い換えではない。土砂降りの雨にうたれるときの暗く侘しい気分で事態を見ているという話し手自身の身の構えを示しているからである。人の認知過程は環境のカテゴリー化なのだが、人はそのつど自身の視点からカテゴリーを切り直しているのであり、その結果がその時の「見え」である。実際の言語使用が、このような「見え」の記号的表現であるとすれば、それはそのつど形成された主客相関的なカテゴリーをとりあえず既存の記号で表していることにほかならない。とすれば言語使用とは、多かれ少なかれ、既存の語彙の間に合わせ的転用なのである。比喩はただその目に立つケースに過ぎない(「視点」よりも「場面」という時枝の用語に拠って説明するほうが主客二元論的思考に陥りにくいので適切かもしれないが、ここでは話のわかりやすさを優先させる)。

　こうして私たちは言葉の意味に関して二つの立場を前にしている。一つは、言葉の意味は言語体系という制度の一部として決定済であり、個人が勝手に動かすことのできぬルールであり、原則的に一定不変のものとして扱うことができるとする言語制度説である。もう一つは、言葉の意味は使用のつど主体が与えるものであるとする言語過程説である。前者によれば、語の意味は定義可能である。というより、定義的意味こそが語の本来の意味であり、あとは比喩などの転用にすぎない。後者によれば、語の意味とは実際の使用においてそのつど意味を与え直されるものである。本来の意味と比喩的意味という区別はない。この二つの立場における「意味」の重要な違いは、定義可能な意味とは客観的特性であるけれども、実際に語られる意味とは主体と対象の織りなす状況であり、それへの主体の態度であり、対象の「見え」だということである。

さて、私たちはどちらの立場も捨てるわけにはゆかないであろう。言語制度説では意味という現象の深みに迫りえないのは明らかだとしても、言語制度というものが存在することは否定できない。そして極めて創造的な言語表現（レトリック）といえども、既存の言語制度を（逆手にとる場合でさえ）踏まえないわけにはいかない。現に学者の「科学的」論文では、すべての用語が一義的に決定済というタテマエになっている（そして論文では比喩が忌避される）。いやもっと日常的な場面でも、実際の言葉の使用にあたっては、私たちは言葉を制度的なものとして使うこともあれば、新たにカテゴリーを切り直してみせることもあるというのが多分実情であるだろう。それはむしろその時の話題に対する私たちの態度に依存している。

たとえば、「ピアノは楽器である」という文と、「ピアノは打楽器である」という文を比べてみよう。両者のニュアンスの違いはわかっていただけるだろう。前者は、〈ピアノ〉というカテゴリーが〈楽器〉という上位カテゴリーに属することを言明している。この場合各単語の意味は制度的なものとして扱われている。つまりこの文は私の態度を表しているというより、私たちの知識制度においてはピアノは楽器に属することになっているという、「客観的」事態の報告である。この言葉は、実際には現実の誰かが発するのだけれども、話し手の主観はその知識の形成に関与しない。あたかもその文は、全知の神か百科辞典によって語られているかのように、抽象的に成立している。そして聞き手もまた、自分の主観を関与させることなく、ただ制度の知識に基づいて、「そうだ」とか「ちがう」とか言うだろう。一方、「ピアノは打楽器である」という文は客観的知識の報告ではない。やはり〈ピアノ〉というカテゴリーが〈打楽器〉という上位カテゴリーに属していることを言明しているのだけれども、単語の意味はもはや制度的なものを超えている。なぜなら、ある意味でピアノを打楽器と言って言えないことはないかもしれないが、普通はそうは言わないからである。従ってこの発言は、どうみても話し手の個人的な主張であり、それは〈ピアノ〉を〈打楽器らしさ〉という視点から見ること、および〈打楽器〉のカテゴリーを〈ピアノ〉を含みこむように形成し直すことを聞き手に要求しているのである。ここで「打楽器」はその定義的意味ではなく、〈打楽器らしさ〉をもつカテゴリーのことであり、今ここでその内容を規定し直されているのである。

この二つはジャッケンドフのいう演繹と帰納の区別にあたる。彼は、カテゴリー判断に演繹的と帰納的の二つがあるとする。簡単に言うなら、「AはXである」という判断において、AもXもその意味内容があらかじめ決定済のばあいは演繹的であり、逆にこの言明がAやXの意味を規定するようなら帰納的である。つまり演繹的カテゴリー判断とは、既に定義の決定したカテゴリーに対してその論理関係を判断するものだが、帰納的カテゴリー判断とは、具体的事例をもとに新たなカテゴリーを提案するものである。彼は前者の言明に対しては「イエス」か「ノー」で答えることができる（つまり真偽が言える）が、後者は「イエス」と「ノー」のほかに「不確実not sure」という答えのありうる（つまり真理値が定まらない）ことを指摘している。そして帰納的カテゴリー判断の例として「ピアノは打楽器である」や「妊娠中絶は殺人である」などをあげているのである(15)。

しかし私たちはさらに一歩を進めてこう言うことができるだろう。そもそも帰納的カテゴリー判断に真偽を問うことが無意味である。なぜなら、客観的知識や論理にもとづく判断に対してなら私たちはそれを正しいとか間違っているとか言えるけれども、個人的提案に対してとりうる対応は、それを受け入れるか否かだけであるから。問題は、客観的な真偽の判定ではなく、私個人がそれに納得するかどうかである。

たとえば「妊娠中絶は違法である」という言明に対しては、私たちは六法全書を調べて論理的にその真偽を判定できる。しかし「妊娠中絶は殺人である」という言明に対しては、私たちはそれを受け入れるか拒否するかしかない。受け入れるとは、妊娠中絶を殺人という視点から見ること、殺人というカテゴリーを中絶を含むものとして形成しなおすことである。それは、話し手と同じ視点に立ち、同じ態度をとるということである。真偽の判定は《私》という主体をたなあげしたまま、制度の知識と論理の操作だけで行える。けれども新たなカテゴリーの納得は、《私》自身の態度決定として行われるのである。

こうして、私たちはとりあえず次のように言うことができるだろう。私たちが実際に言葉を使うとき、それが表すものは、制度的な定義的意味であるとは限らず、そのつどの話し手の構えや視点のこめられた「らしさ」の意味のこともある。この、話し手の認知過程を表す言語表現は、そのつど当座のカテゴリーを形成しているのである、と。その典型的なケースが、辞書にはない意味を表す比喩である。このような表現を前にして、聞き手は真偽を云々することはできず、ただ納得するか拒否するかを選ぶほかはない。即ち「なるほど」と言うか「おかしい」と言うかである。

3　思考——推論と理解

ところで言葉は何事かの表現のために、つまりコミュニケーションの手段としてのみ用いられるわけではない。もう一つ重要な役割がある。思考の手段である。古代ギリシアで〈言う〉を表す動詞から派生した名詞「ロゴス」が〈言葉〉のみならず〈理性〉や〈計算〉を意味したというのも、私たちの思考が言葉によるものであり、思考を支配する理性と言葉とは同じ原理を共有しているという見方があるからだ。また私たちの認識や思考が既存の言語体系に制約されるとする議論も、思考が言葉に依存しているという前提があるからだ。確かに、私たちは言葉によって思考している。そして思考とは意味の操作であるとすれば、言葉の操作という形で意味を操作しているのだといってもよい。では、このときの意味とは、いったい定義的意味なのだろうか、それとも「らしさ」の意味なのだろうか。

私たちは前に二つのカテゴリーを区別した。定義によって分類される学者的カテゴリーと、代表的事例をもとに形成されてゆく芋づる式カテゴリーである。前者の表す概念とはその語の内包、つまりカテゴリーの概念的定義であり、後者の場合には「らしさ」であった。そして幼児はまず芋づる式カテゴリーを学ぶのであると考えた（九一頁補記）。単純に図式化すれば、幼児の言葉はそのつど認知される「らしさ」を表し、学者の言葉は一定不変の定義的意味を表す。言うまでもなく言語は差異の体系であるという考えは、もっぱら後者だけを考えているわけである。

幼児の言葉が大人の考えるような意味での合理性をもたないことは誰でも気がつく。そこでこれまでの発達心理学では、子供は成長のある段階で原始的言語から論理的言語へと切り替えるのだと信じられてきた。言葉がそのつどの認知の現場を離れられないうちは概念の対象化ができず、従って抽象的な操作ができない。つまり論理的思考ができない。けれども子供はある時言葉を論理的に使えるようになる。抽象的思考ができるようになる。万歳、この子は理性を手に入れた、厳密で正確な抽象的言語を使えるようになった、というわけである。このタイプの言葉を「ロゴス的言語」といってもよいであろう。聖書の「はじめにロゴスありき」の「ロゴス」が「言葉」と訳されたのをみてもわかるように、西欧で「言葉」とはまず「ロゴス的言語」のことであった。人間と動物の違いは言語であるとか理性であるとか言う時も、要するにそれはロゴスのことであった。従って子供が言葉によって抽象的思考を始めた時、これはロゴスの獲得であり、本当の言葉、人間らしい精神への大きな飛躍であると見なされたのも無理はない（この過程は人類史にも適用される。人類は言語を手に入れた時、人間以前の段階から脱し、合理性を思考の基礎に据えることによって暗黒の中世から近代に入り、より合理的であるほどより文明は進歩している、というわけである)。

おそらく、本当の言葉とはロゴスであるという信念の大きさが、子供が抽象的思考ができるようになると、子供の言葉が原始的言語からロゴス的言語に切り替わってしまうという考えを生んだのであろう。けれども、実情はそうではない。切り替わるのではなく、単に併用されるのである。なるほど「父とは何か」と正面きってきかれれば、誰でも「親で男で」といった答え方をするだろう。それで質問者は、相手の言う「父」がロゴス的言語であると思いこむ。人は「父」の概念を一種類しかもっていないはずだと決め込んでいるから。しかし人は二種類の概念体系を併用することができるのである。「父」の定義をきかれればロゴス的概念を持ち出す。論理操作が必要なときもロゴス的概念を使う。だが、ふだんは「らしさ」を使っているかもしれないのである。というより、この二つは混じりあい、重なりあって、私たちの「父」の概念を形成しているのであろう。（昔のコンピューター翻訳がうまくゆかなかったのも、言語が全てロゴス的であるとの前提に立っていたからである。）

ところで、その場の思いを言葉で表現するだけなら、カテゴリーをそのつど形成し「らしさ」を表すのもよかろうが、推論という論理の演算を行おうとすれば、たしかに意味は明確な客観的規定をもっていなければなるまい。幼児的な「らしさ」言語で論理的思考ができるとは思えない。しかし、論理的であるかどうかはともかく、何らかの思考はできるように思える。この思考回路をレトリックの回路と呼んで論理的なロゴスの回路と区別しよう。そして、二つの思考回路の特徴を簡単に見てみることにしよう。

論理的思考回路の典型は演繹的推論である。その基本は、先に述べたように、「AはBであり、BはCである、ゆえにAはCである」という三段論法にある。たとえば「父は男であり、男は人である、ゆえに父は人である」というのがそうである。これは正しい三段論法なのだが、誤ったものもある。たとえば右の最後の部分を「CはAである」(人は父である)とすれば、これは論理を誤っていることになる。理論上は誤った形式はいくらもあるのだが、実際に人々がよく採用する誤った三段論法は、述語の同一にもとづく主語の同一視である。たとえばパーティでさっき紹介された花子さんの顔を忘れてしまったとする。「花子はたしか丸顔だった。この人も丸顔だ。きっとこの人が花子だろう。」丸顔は花子に限らないのだから、人違いに終わることは珍しくない。

この誤った三段論法の典型とされているものを形式的に表せば「AはXであり、BはXである、ゆえにAはBである」となる。すると幼児が叔父を父と呼ぶのはこの形式の推論であるように見える。「父は男であり、叔父も男である、ゆえに叔父は父である」というふうにこの子は考えたのではないか(「男」にあたる部分は明確な概念ではなく、ある種の身体的特徴であるとしてもよい)。この推論形式は、類似を根拠に二つのものを同一視することであるから、一般に隠喩といわれるものもまたこの形式で説明できるように見える。たとえば「彼はドン・キホーテだ」という隠喩の背後にあるものは「彼は無謀だ。ドン・キホーテは無謀だ。ゆえに彼はドン・キホーテだ」という一種の論理だと見るのである。そこでしばしば、この述語の同一性にもとづく論理が隠喩の原理であると言われることがある。またこれは夢や統合失調症の思考の特徴であることが指摘され、疑似論理的《パラロジカル》とか古論理的《パレオロジカル》と呼ばれたりする。それではレトリックの思考回路といっても、実はロゴスと同じ三段論法の推論を行うのであり、ただ後者が論理的に正しいのに対し、レトリックの回路は誤っているというだけのことなのだろうか。

もしレトリックの思考が「推論」であるならば、そういうことになるだろう。しかし、レトリックの回路はそもそも推論ではないかもしれない。ここで私たちは、ロゴス的思考の行う「推論」の性格を考えてみよう。

私たちが演繹的推論を行うのは正しい判断に達するためである。そのために正しい前提と正しい論理展開が必要とされる。つまり問題は常に「真偽」である。論理的思考についての学問である論理学とは、アリストテレス以来、結論となる命題の真を保証する条件を求めるものであったといってよい。そこでたとえば先ほどの三段論法を論理学風の言い回しで表せば、「『父は男である』が真であり、かつ『男は人である』が真ならば、『父は人である』は真である」とか「『父は男である』が真であり、『叔父は男である』が真であるとしても、『父は叔父である』は真であるとは言えない」といったことになる。推論とは、前提、展開、結論のすべてについて常に真偽を問われるような思考過程なのである。もしレトリックの回路が推論であるならば、やはり真偽が問われねばならない。しかしそもそも、レトリックについて真偽を問うことなどできるのだろうか。

補記――実は、隠喩の真偽を問う学者はいるのである（アメリカでは論理実証主義はまだ死んではいない)。もちろん普通に考えれば、隠喩命題が真であるはずがない。そこで、隠喩は実は真なる命題の言い換えであり、その元の真なる命題を探りあてるのが隠喩の解釈である、という説が生まれる(サール「隠喩」(16))。たとえば「リチャードは獅子だ」という文章があれば、人間が同時にライオンであるわけがないから、文字通りにとればこれは偽であるが、「獅子」を「勇敢」の隠喩と解釈すれば、筆者の主張しようとしたことがわかる、というものである。しかし隠喩を他の言葉で置き換えると失われるものが大きいことはサールさえ認める。たとえそれで「真なる言明」が得られるにしても。そこで隠喩は文字通りに解釈すべきであるという反論が、当然ながら現れる(レヴィン「隠喩の標準的な読解法と文学的隠喩」(17))。では真偽はどうするのか。レヴィンによれば、隠喩表現を「現実世界」の記述と考えればたしかに偽であるけれども、それは実は現実とは全く別の「可能世界」の記述なのである。読者は、その隠喩表現が真となるような世界を想像しなければならない。それが文学的隠喩の解釈だというわけである。これは一つの卓見と言ってもよいのだが、その通りにやってみると、人間リチャードが同時にライオンであるような世界を想像するのは難しい(狼男ならぬ獅子男?)。レヴィンは様相論理学の可能世界論を転用したのだろうが、クリプキの可能世界は想像可能なパラレル・ワールドであるのに、レヴィンの方はそうではない。結局彼は論理学の可能世界論の方法を文字通りに転用したというよりは、隠喩的に転用したのだと言った方がよさそうに思える。要するに彼の可能世界は、もともと真偽が問えるような世界ではないのである。もっとも、詩的言語は日常的世界観では想像不可能な世界を創造するのであり、そこに芸術形式としての文学の役割があると言うかもしれない。仮にそうであるとしても、隠喩は決して創造的な文学だけのものではない。私たちが日常生活でいくらも使っているものである。「沈黙は金だ」という言葉に、私たちは沈黙が金ぴかに輝いている姿など想像できないけれども、隠喩の理解にはいっこうに困らないのが実情である。そもそも文の真理値を問おうというのは、文の意味とはその指示する外延的事態にほかならないという前提からでている。ここから真理条件が同じなら文の意味は同じだということになる。なるほどある文の中の「金」を「原子番号七九の元素」と書き換えても真理条件は変わらないかもしれない。しかしたいていの文学者はこの書き換えに抵抗するだろう。「真理条件は同じでも、意味は違ってくる」と。なぜなら「金」の語に対する語り手の思い入れの歴史がそこに反映してこないからである。そもそも隠喩の多くがある事象に対する私たちの思い入れや態度を語ろうとするところから生まれたものであることを考えれば、真理条件こそが文の意味であるといった考えで隠喩を分析できるはずがないのである。

推論の真偽は実質上、論理展開が正しいかどうかにかかっている。では正しい論理展開とは何だろうか。それは、前提と結論とが同一、つまり同語反復である、ということである。このことは数学を見ればよくわかる。前提Aから結論Zを導く証明はどのように行われるか。A＝B、B＝C、……Y＝Zと等号《イコール》の繰り返しによってである。このときAとB、BとCなどがみな同一であるから、最初のAと最後のZもまた同一ということになるわけである。結局、数学の論理とは、正確な言い換えにほかならない。だから数学の全体系は、前提とされた数個の公理の言い換えなのである。新しい定理の発見とは、既に公理の中に暗黙のうちに含まれていたことを、言い換えの手続きによって明るみに出すことにすぎない。言語的命題の場合も事情はかわらない。Aという前提からBという判断を引き出すとしよう。前提Aの中に既に含意されていたことを、Bという言葉で言い換えたにすぎないという場合のみ、AからBへという推論は正しいのである。この判断は、所与の前提の外に何一つ要素を持ち込むことなく、ただ前提の分析だけで得られたものであるから、これを「分析判断」と呼ぶ。正しい論理展開とは、この分析判断だけである。

たとえば、「父」は「親」かつ「男」として定義しうる。これを⑴「父＝親＋男」と書こう。同様に⑵「男＝人＋雄」としよう。すると⑴の「男」を⑵によって言い換えれば⑶「父＝親＋人＋雄」となる。⑶は、⑴と⑵二つの前提の正確な言い換えである。そして「父が男であり、男が人であるならば、父は人である」という三段論法の背後にあるのは、このような言い換えの論理である。別の言いかたをすれば、前提と結論の同一を確保する手続きである（因果関係の判断の場合には等号で結ぶわけにはいかないが、基本的には同じ仕組みである）。

この手続きを別の形で言えば、「父」に「男」という意味素があり、「男」に「人」という意味素があるとすれば、「父」の意味を分析していけば「人」という意味素が見つかる、ということでもある。数学が数の演算であるとすれば、三段論法は意味素の演算である。このような演算が可能であるためには、言葉は意味素の集合として定義されていなければならない。つまり「父」の概念は定義的意味でなければならない。逆に言えば、論理的推論とは、ロゴス的言語のための思考回路なのである。

これに対し、レトリックの回路は論理的推論を行うものではない。しかしそれは確かに思考を行うのである。では推論ではない思考とは何か。なにごとか未知のものを理解するための思考である。その過程は演繹的ではなく帰納的である。未知の事例に出会うとき、私たちは持ち合わせの知識体系（制度的カテゴリー体系）では間に合わないのを感じる。これを理解するのに、私たちは当面の事例を処理できるような新しいカテゴリーを形成しなければならない。この過程には二つの形があるだろう。一つは既知のカテゴリーを拡張することによって、未知のものを理解すると同時に既存のカテゴリーを手直しすることである。たとえば「妊娠中絶は殺人である」。もう一つは既知の事例のようなものとみなすことによって、その既知事例を典型とするカテゴリーをその場で形成することである。たとえば「彼はドン・キホーテである」。実は、前者は多くの場合、後者を経由している。たとえば〈妊娠中絶〉を〈幼児殺害〉といった既知の事例のようなものと見ることによって、はじめてこれが〈殺人〉のカテゴリーに属することが納得されるのではあるまいか。いずれにせよ、これらの思考過程は、未知のものを理解するために適切なカテゴリーをそのつど発見し、作り出す作業である。

理解するとは、つねに当面の具体的な事例を何ものかとして意味づけることである。何ものかとして意味づけるとは、私たちに理解可能なカテゴリーの中に押し込めることである。既に制度としてある抽象的カテゴリーだけで処理できるならば、すべての判断は演繹的に行うことができる。しかし対面している事例の具体性を殺したくなければ、そのつど自身で「らしさ」を捉え直さなければならない。そこで採られる手段が、目の前の事例を別の具体的な事例のようなものとして捉えることである。要するに、次のように言うことができるだろう。レトリックの回路とは、ある事例を「らしさ」の視点から別の事例になぞらえ、新たな「のようなものカテゴリー」を形成してその事例の意味を理解することである、と。このとき言葉は新たな対象の捉え方、時枝流に言えば主体の新たな「意味作用」を表す。言い換えれば、意味を与え直されるのである。

言うまでもなく「らしさ」とは視点によって見え方の異なる曖昧なものである。たとえば〈父らしさ〉というのも、かなり曖昧なものである。人によって異なるだけでなく、同一人でさえその時の視点によって異なるようなものなのだから。とすれば、その意味要素を分析し、正しい（同一性の保証された）言い換えによって何か確かな判断を導こうとするのは、たぶん無駄な努力であろう。

補記—たとえば「雷おやじ」という言葉の意味は「雷のようなおやじ」ということである。けれども「おやじは雷である」という命題は真偽を問うことができても、「おやじは雷のようだ」とか「おやじには雷らしさがある」は真偽を問うことができない。どんなものでも、似ていると言って言えないことはないからである。月とすっぽんでさえ、「月はすっぽんのようだ」と言われれば、「そういえばどちらも丸いし、ぬっと顔を出してくる」などと思いあたることも出てくる。渡辺慧氏の言うように、論理的には「すべての二つの物件は、同じ度合の類似性をもっている」のである(18)。従って「AはBのようだ」という文は、（しばしば言語学者があやまって考えるように）AとBの意味素を分析して共通点があるかないかで真偽が判断できるというようなものではない。「どんなものでも共通点を見ようと思えば見ることができる」ということは、あらかじめ両者の間に共通点があるということではなく、ある視点（それは独創的な視点かもしれない）をとれば、共通点があるかのように見える、ということとなのだから。言い換えれば、両者の間に既に意味素として共通点があるから「AはBのようだ」と言われるのではなく（そういうこともないではないが）、むしろその発言によって、共通点が作りだされてしまうのである。あるいは、共通点が見えてくるような視点が提案されるのである（このへんの事情については佐藤信夫氏の『レトリック認識』をお読みいただきたい）。たとえば「雷おやじ」という言葉を知るまえに〈おやじ〉と〈雷〉のあいだに共通点があると考えた人はほとんどいないだろう。しかし「雷おやじ」という言葉を聞くと、私たちは〈おやじ〉に〈雷らしさ〉を見ようとする。そしておやじがガミガミと怒鳴りちらす姿を思い浮かべるとき、たしかに〈おやじ〉は〈雷

——のようなもの〉として見えてくるのである。この時〈おやじ〉と〈雷〉とは同じ芋づるにつながったのだと言ってもいいし、一つの家族を形成したのだと言ってもよい。

しかしこの曖昧さにもかかわらず（或いはそのゆえに）「らしさ」は概念体系の合理的基準を軽々と跳びこえる。常識上は無縁のものを縁づけて家族とし、芋づる式カテゴリーを思わぬパターンで形成してゆくことができる。もちろんそのカテゴリー形成を聞き手が納得するかどうかはまた別の問題になるが。たとえば誰かが〈おやじ〉を〈地震〉や〈火事〉になぞらえて何かを言おうとする。聞き手はそのなぞらえが成り立つような視点を発見し、そこで意味されている「らしさ」を理解しなければならない。その上で聞き手はそのような見方を納得したりしなかったりするだろう。もちろん多くの人が納得したからこそ、私たちは「地震・雷・火事・おやじ」という成句を持っているのだが。

ロゴス的言語が語られるとき、私たちはそれに対して真偽を判定することができる。そこでは内容の真理が問題になるからである。しかし話し手が、ある視点から見た特定の〈見え〉を新しいカテゴリーの提示によって伝えようとするとき、私たちはそれを受け入れて同じ態度を共有するか、拒否するかしかない。ここでは納得が問題になるのである。真理を伝える言葉と納得を求める言葉は同じではない。前者は、人間がいなくとも成立するような客観的事態として抽象的に語られるのに対し、後者はそのつどの個人の主体的な世界への構えが関与せざるを得ないからである。

(1) Fillmore, "Towards a Descriptive Framework for Spatial Deixis," in R. J. Jarvella and W. Klein, eds., *Speech, Place, and Action* (London: John Wiley, 1982), cited in G. Lakoff, *Women, Fire, and Dangerous Things* (Chicago: The University of Chicago Press, 1987), 70.
(2) 時枝誠記『国語学原論』岩波書店、十二頁
(3) 同、四四頁
(4) 同、四〇五頁
(5) 同、四一〇頁
(6) 同、四二〇頁
(7) 同、四二一頁
(8) 同、二五〇頁
(9) レネバーグ、前掲書、四〇三頁
(10) 同、三六四頁
(11) 同、四一四頁
(12) 同、三六三頁
(13) 同、四二六頁
(14) 同、四〇四頁
(15) R. Jackendoff, 102.
(16) J・R・サール「隠喩」渡辺裕訳、佐々木健一編『創造のレトリック』勁草書房
(17) S・R・レヴィン「隠喩の標準的な読解法と文学的隠喩」青木孝夫訳、『創造のレトリック』
(18) 渡辺慧『認識とパタン』岩波新書、一〇一頁

四　「なぞらえ」の思考――概念の元型と共通感覚

1　知ることとわかること

狼を知らない人が「狼はしかじかの動物である」と教えられたとする。彼は「狼」とは何かを知ったのである。だが狼とは何かを知っている人が誰かに「人間は狼である」と言われたとする。もし彼が「なるほど」と思うなら、彼はその言い分を理解したのである。

私たちはここで知ること（知識の獲得）とわかること（理解）とを区別しておこう。狼の生物学的定義を知った人は、そのあと第三者にそれを知識として伝達することができる。知識として伝えるとは、自身の態度をそこにからませる必要がないということである。けれども「人間は狼である」という意見を納得した人は、これを第三者に語る時、つねに自身の態度決定で裏打ちしなければならない。つまりこの言葉は、そのつど語り手によって意味を与えられ、聞き手はそのつど自身の身構えを相手に同調させることによってその意味を理解しなければならない。

私たちが何事かを「知った」と思うとき、知識は正確か不正確であるだけだ。しかし私たちが何事かを「わかった」と思うとき、理解は深いか浅いかである。語り手と完全に同じ視点に立ち、同じ「見え」を見、同じ気持を抱いていると信じたとき、聞き手は深く理解したと感じる。このような理解はしばしば「腹に入る」「腑に落ちる」「呑み込む」などと言われる。これに対し単なる知識として受けとめるものは「頭でわかっているだけだ」などと言われて理解の浅さを咎められたりする。これらの慣用表現はむろん比喩にすぎないが、それでも、理解とは対象化された知識が記憶領域に記入されることではなく、私たちの身体内部に何かが起こることだというこの喩え方には多分根拠があるだろう。

とすれば、私たちがある言葉を「わかった」と言うとき、そこで理解されたものは、もちろんその言葉の意味といってもよいのだが、少なくとも知識として知られるような意味ではないはずである。これまで学者の多くは知識の基本単位を命題であると考えてきた。命題とは「主語＋述語」、つまり主題にカテゴリー（普遍概念）を結びつけたものである。そして学問的命題の主語は、ふつう、やはりカテゴリーである（たとえば「犬」とか「数」とか）。要するに、カテゴリー間の関係の記述が命題であり、知識の単位であり、従って真理の単位なのである。そこでカテゴリーを正しく（つまり外界に適合するように）定義し、このカテゴリーを正しく（つまり論理的に）操作するならば、正しい知識が得られると考えてきた。このとき「知られる意味」とは、要するに、カテゴリー間の論理的関係にほかならない。しかし理解される意味とは、私たちの「頭」ではなく、「腹」や「臓腑」で摑みとるものである。それは主体なしに（客体として）流通しうるロゴス的意味ではなく、主体の身構えと切り離しえない「らしさ」の意味であろう。

おそらく、だからこそ私たちは、何事かをわからせようとするとき、しばしば論理を一時離れても、事例や隠喩を持ち出して話題の焦点を「らしさ」のレベルに移そうとするのだろう。また何事かをわかろうとする時、精緻な推論をたどることに成功するだけでは足りず、むしろその論理の具現例を持ち出してみることで、自分が頭で解読した論理がやっと腑に落ちたりもするのだろう（ブラックの論述が事例と隠喩を用いていたことを思いかえそう。また論理学の書が必ずといってよいほど事例を伴うことも）。ここでいささか個人的な経験を種に、「らしさ」の意味のありようと、その理解の仕組みを考えてみたい。

2 「らしさ」の図式

暑いニューヨークのアパートでラジオをつけると、のんびりしたリズムの、明るいけれども力のない音楽が流れた。家人が英語を教えてくれた。「こういうのをね、『ウォールペーパー・ミュージック』っていうの」。壁紙音楽。うまい言いかたがあるものだ、と思った。

いうまでもなく、「壁紙」は隠喩である。「これは壁紙音楽だ」とは、この音楽は壁紙を典型事例とするカテゴリーに属しているという意味である。そして私が即座に「なるほどその通りだ」と納得したのは、私がこの音楽に感じていた持ち味が、まさに壁紙に典型的に見出されるようなものであったからだ。しかしこの持ち味そのものを言葉に置き換えようとすると、私はたちまちつまずいたのである。ともあれ私は苦心して、少しづつ言葉をひねりだしてみた。「邪魔にならず、しかも空間の雰囲気を作るもの」「快適さを与える程度には美しく、芸術にならない程度にはありきたりのもの」。時間さえかければいくらでも言葉を紡ぐことはできそうな気はしたが、同時にいくら言葉を連ねても、私が「なるほど」と納得したものを十分に表してはいないとも思えた。つまり私はこの新たなカテゴリーを特徴の記述という形では定義できなかったのである。確かなことは、私が理解したカテゴリーの何たるかを他人に説明しようとすれば、もう一度「壁紙」という典型事例を持ち出すほか適切な手段は見つかりそうもないということであった。

ところで典型事例は、一般的概念よりも特定の知覚像を指すために用いられることがある。第一章で見たように、何事かを人にわからせようとする時用いられる「たとえ」には事例と隠喩があった。そして事例には、現物による場合と言葉による場合とがあった。ある色の布を求めようとして、当の色をした布なり紙なりのサンプルを見せるのは前者であり、「レモンのような黄色を」などと言うのが後者である。サンプルの方は生理的知覚像のレベルで事例となり、言表の方は記憶像のレベルで事例となるといってもよい。そしてこの二つのレベルはほぼ同じ認知構造をもち、言語構造に左右されないということは、ロシュの実験から推定できる。つまりこれらのケースでは、言語的カテゴリーという目の粗い網からはこぼれてしまうような色の知覚を伝えるために、知覚―記憶レベルでの典型事例（プロトタイプ）を利用している。このとき典型事例は、ある色のカテゴリーを知覚―記憶レベルで表す記号として使われていると言ってもよいであろう。

それでは私が「壁紙音楽」という言葉に理解したのは、壁紙の概念ではなく、壁紙の知覚像か記憶像、つまりイメージなのだろうか。いやそのとき私は目の前の壁紙を知覚したり、特定の壁紙の記憶像を思い浮かべたわけではけっしてない。ではいったい私は「壁紙」の何をわかったのだろうか。それは記憶の中の《壁紙》そのものではなく、過去のいくつかの経験から形成された〈壁紙らしさ〉だというほかはない。こうして、いかなる言語的規定も、映像の記憶も呼び出されることなく理解された「らしさ」だけが、この場合の言葉の意味であった。しかも私はこの前言語的「らしさ」そのものを対象化して認識することはできなかった（できるくらいなら言葉に分析していた）。ただ「壁紙」という事例において、この音楽と同じ「らしさ」が受肉しているのを納得できただけである。これは次のことを意味するだろう。

「らしさ」の理解は、「壁紙＝壁に貼られた紙」といった約定的カテゴリーのロゴス的理解でもなく、知覚―記憶像といった生理的に制約された自然的カテゴリーの理解でもなく、その中間のレベルにおいて、やはりある種のカテゴリー理解として行われるのである、と。

そこで私たちは、とりあえず三つの言語理解のレベルを区別しておかねばならない。

まず、たいていの言語学者が言語記号の本来の意味とみなす定義的意味がある（指示的意味、辞書的意味、字義通りの意味とも言われる）。これはロゴス的意味であり、言うまでもなく普遍的である（たとえば「鳥」の概念は特定の〈この鳥〉ではなく、〈鳥一般〉〈鳥なるもの〉であり、それゆえ鳥の全事例を覆っている）。これは学者的カテゴリーの内包にあたり、他の言葉（一連の命題による記述）によって定義できる、つまり言い換えることができる。ロゴス的言語において各意味は、他の意味との関係式として定義されているからである。これが可能であるのは、ロゴス的意味が演算可能な素子であるからだ（だからこそ私たちは概念を論理に従って操作し、演繹的推論などができるわけだが）。このことはロゴス的意味が具体的事例から切り離された抽象的存在であることを意味している。このようなロゴス的意味の特徴を、普遍的・抽象的という言葉で表すことができる。

これと反対の、具体的な知覚像・記憶像をも言葉は指示することができる。常にというわけではないが、固有名やその等価物である確定記述は像を指示することがある。また「レモンの色」といった一般的な記述でも記憶像を指すことができる。これらはいずれも現物をじかに提示する代わりに、言葉でその現物の像を指示しているわけである。固有名の場合は特定の個物の、一般的な記述の場合はその典型事例の像を。私たちはその具体的イメージの表象から、その言葉の指している特殊な内容を理解する。このような、言葉によって指示される「知覚―記憶像」の特徴は、特殊的・具体的である。

しかし〈壁紙らしさ〉は、ロゴス的というよりイメージ的と呼びたいほどの具体的感触をもちながら、視覚像として思い浮かべることはできない。このような「らしさ」は、確かにロゴス的意味と知覚―記憶像の中間にある。それは特定の何かを指示するというよりは、普遍的なあるタイプを意味しているという点でロゴス的意味に近い。しかし抽象的関係(意味素の関数)に分解された内包というより、具体的事例の全体像が与える印象であるという点では知覚―記憶像に近いのである。こうして、「らしさ」は具体的でありながら普遍的であるという奇妙な性格をもっている。それは常に具体的事例の形で認識されるという意味で具体的である。なぜなら「らしさ」は具現例を離れては認識できないからである。しかしそこで理解されるものが事例そのものの像ではなく、そこに具現されている「型」の方であるという意味で普遍的である。なぜなら「型」

はさまざまな事例の中に具現されることができ、与えられた具体例はその一例にすぎないからである（この「型」を共有する多様な事例群が一つのカテゴリーを形成するとき、「らしさ」を表す言葉、たとえば「壁紙音楽」における「壁紙」は、一つの具現例を指すと同時にこのカテゴリーの全体を外延としている。即ちこのカテゴリーの典型事例を表していると同時に、このカテゴリーの各事例にも適用される代表詞なのである）。

しかし「らしさ」は普遍的定義と具体的記憶像の中間的性格をもつといっても、両者の境界領域で二股かけた曖昧な所属をしているということではない。むしろ「らしさ」は、これら二つとはっきりした対立をも示している。ロゴス的意味や知覚的イメージは対象として認識されており、したがって私たちはその認識内容を言葉や絵によって再現し伝達できるのに対し、「らしさ」そのものは対象として直接意識に浮かべることができない。面倒なことに、私たちは「らしさ」を認識するためには、常に何らかの事例に肉化させなければならない。それも、私たちは事例を抽象して「らしさ」という「型」を認識するわけではなく、ただ事例という具体的な形においてその「らしさ」を見出すことができるだけである。私たちは「らしさ」の「型」それ自体を認識し、それを再現して見せることはできないのである。私たちは確かに「らしさ」を知っているのだけれども、それはいわば充塡されるのを待つ空虚として知っているにすぎない。私たちが認識できるのは、その空虚を充塡した具体物だけなのである。そこでこの「らしさ」を誰かに伝えるためには、それを受肉した具体物を見つけなければならない。たとえば、この音楽は「壁紙」であるとか、あの人物は「ドン・キホーテ」であるとか。

ロゴス的意味の伝達は、私たちの記号規則により、具体的な事例に依存することなく、ある記号がただちにある意味として理解されることによって行われる。知覚―記憶像の伝達は、私たちの生活経験の共通性をたよりに、指示された具体像の想起によって行われる。ところが「らしさ」は「らしさ」そのものとして自立して与えられることができず、常に媒体として具現例を必要とする。これが、人が「らしさ」を説明しようとするとき方略として「たとえ」を用いざるをえない理由である。即ち、「らしさ」そのものを典型例で説明する事例、或いはある事例の「らしさ」を別の具現例によって説明する譬喩（隠喩や直喩）。

補記――「わかってもらう」ためには、言葉は概念を指す記号としてではなく、具体的事物を引き合いにだすために使われなくてはならない。これが事例や隠喩、即ち「たとえ」である。こう考えると、なぜ隠喩が「死ぬ」のかも理解できる。初めて使われたときは新鮮であった隠喩も、余りに適切であると、世間に歓迎され、貨幣のように流通して、極り文句になってしまう。すると人はほとんどそれを隠喩と感じなくなる。これがいわゆる「死んだ隠喩」である。たとえば「椅子の脚」は私たちにとって既に文法的に正しい用法と感じられる。代表詞は、プロトタイプにせよメンバーにせよ、個別事例を指す言葉であった。この代表詞が使い古されて普通名詞になってしまう時、隠喩は死ぬのである。なぜならそれは、具体的な事例として理解されるのではなく、ただ概念として理解されるからである。それはある淋しい感じを示すために、その具現例である音楽を聴かせるのと「淋しい」という言葉を示すこととの違いに相当するだろう。隠喩理解の過程から「なぞらえる」という行為が失われるなら、それはただの記号にすぎない。

では、なぜ「らしさ」は対象化できないのだろうか。「壁紙音楽」の場合を例に考えてみよう。

この音楽の「らしさ」の特徴を、仮に言葉で羅列すればどうなるだろう。「甘い」「快適」「穏やか」「明るい」「軽い」「きれい」「単調」「刺激的でない」「緊張させない」「邪魔にならない」等々。ここで「きれい」という美的判断を表す用語はいささか面倒なので除外して（本当はその必要はないと思うが）、もう一度これらの評価語をよく見てほしい。これらの言葉は、一見対象の特徴を形容しているように見えながら、実は私自身の経験の特徴を語っているのではあるまいか。いや、まさにそうである。私が「壁紙音楽」に見出した〈壁紙らしさ〉とは、空間に包みこまれた抱擁感、適度にきれいな快適さ、神経を刺激しない安楽さなど、ほかならぬ私自身の心身のある状態なのである。とすれば、「らしさ」の認知とは、対象に属する特徴の認知というより、それを経験している私たちの心身の状態の認知にほかならない。

このように考えるならば、「らしさ」とは目や耳によって知覚されるものではなく、まず私たちによって生きられるものである。ただそのプロセスには一定の「型」があり、私たちはそれを「らしさ」の型として認知している。つまりある経験がある型の反復であるかないかを識別できる。しかし識別できるだけで、その経験過程を概念や表象によってとらえることはできない。従って言語化することはできない。言葉で語ろうとすれば、同じ型の経験を与える事例を引いてみせるしかない。「らしさ」は具現例によって示すほかないとは、実はこのような意味である。具現例とはその「らしさ」を持っているのではなく、ただそれを経験させる契機にすぎないとすれば、受け手の力に応じてその経験は深いことも浅いこともあるだろう。即ち、「らしさ」の理解は、人によって深浅が分かれるのである。

経験過程の「型」としては知っていながら言語化できないという点では、運動技能もそうである。私たちは自転車に乗ることはできても、乗り方を言葉で説明することはできない。平衡感覚と力の入れ具合のフィードバック制御が余りに複雑だということもある。が、そもそも言葉でいくら正確な説明を聞いても、それだけでは人は自転車に乗れるようにはならない。何度も転んで身体でおぼえるより手はないのである。この種の「〜できる」という知はたいてい身体で知っているものであって頭で知っているものではない。これらの知識は、現に実行されている時でさえ、対象化して捉えられているものではない。このような、概念や表象として対象化されない知識を「暗黙知」と言おう。「らしさ」とは、私たちの心身の経験の型そのものであり、それゆえ常に暗黙知とならざるをえないのである。

技能の知識のほかにも、私たちが暗黙知として知っていながら対象化できない知識、事例という具体的ケースによるほか認識できない「型」のあることは、もちろんこれまでにも気づかれていた。哲学者や心理学者が「図式」（シェマ・スキーマ）と呼んだもののいくつかはこれである。美学者が「イデー」（理念）というドイツ語を使うときもしばしば同様である。個々の芸術作品は、作者の抱いた不可視のイデーの具現物だというわけである（もともとこの用語は、諸現象が不可視の「イデア」の具現例だというプラトンの説からきている）。この場合イデーは、芸術家が表現を意図し、享受者が解釈すべきもの、つまり作品の内容そのものといってもよい。しかしこのイデーはただ具体的な作品を乗物としてのみ存立し、認識できるものである。そこでたとえば画家の制作について次のような説明がなされるかもしれない。

――必ずしも画家は、あらかじめこのイデーを明確な視覚的イメージとして（もちろん言語的概念としても）持っているわけではない。にもかかわらず彼はたしかに何らかの形でイデーを持っており、自分の描く線なり色なりがこのイデーを具現しうるかどうかは即座に判定できる。いわばイデーとは満たされるのを待っている空虚のようなもので、形はないけれども画家は努力の方向だけははっきりと摑んでおり、しかも画家自身これを肉化して具体的な作品を完成するまではそれがどんなものであるかを知ることができないのである。制作過程とは自身の抱くイデーを、具体化することによって発見してゆく過程なのである、云々。

まあこれは一種の典型事例のケースであって、画家の制作がいつもこのようなものであるわけではないし、イデーに基づく芸術論がみなこのようなものであるわけでもないが、美学者が「イデー」という言葉でどのような問題を捉えようとしているかはわかっていただけるだろう。

イデーとは、頭ではなく身体によって把握されている一種の図式である。あるいは、ある「型」の空虚を充実しようとしている身体の構えそのものである。その図式を身体の外で受肉させ、一個の具現事例として作り出されたものが「作品」である（この意味でなら、作品はイデーの外化であり、作者の内部の表現である）。とすれば、作品とは作者のイデーの「たとえ」であるといえるだろう。作品をわかるとは、作品という典型事例からその「らしさ」を理解するということである。言うまでもなく、理解するとはその「らしさ」を自らの心身の図式として再現し、経験することである。このとき私は、「らしさ」の図式を対象的に知るのではなく、むしろそれが何であるかを知ることもできぬまま、私の身体がその図式に捉えられるのである。この意味においてなら、作品の理解とは、このイデーをわかることであると言ってもよいであろう。つまり、その作品の「らしさ」の型を身をもって具現してみることである。

おそらくことは美術にかぎらないし、芸術にもかぎらない。多分私たちが一篇の音楽や一杯の酒の味を、「わかった」と思うときは同じことをしているのだろう。音楽の波に乗ってゆくものは身体であり、酒を味わうのもまた身体であって、頭ではない。そしてこの種の理解だけが、「美しい」とか「うまい」という判断を可能にするのである。美的判断はたぶん内に具現された「らしさ」に対してなされるのであって、作品の側に何が描かれているか（再現内容）とか、いかに作られているか（構成形式）に対してではない。だからこそ、名作と同じ題材を同じ様式で描いた模倣者の作品が、必ずしも同じ美しさを感じさせないのだろう。一部の学者はあるメロディーを音高やその配列に解析して「本質を知った」と言うかもしれないが、それは私たちがメロディーに体験する「らしさ」（「淋しさ」かもしれないし「楽しさ」かもしれないし、そもそも言葉にならないかもしれないが）とは全く別の話である。また酒の化学成分の解析は（それはうまみの感覚器官を刺激する物理的原因かもしれないが）、私たちの「うまい」という実感とは別の世界の話である。

補記——人の顔の認識も実はこれに似ているかもしれない。私たちはある人の顔を確かに記憶し再認できるけれども、記憶の中のイメージを絵に描こうとすればたちまちそのイメージが少しも具体的でないことに気がつく。どうやら私たちは人の顔を要素の形や布置の関係パターンとしてよりも、「らしさ」として記憶しているのである。目や口の形も、その布置のパターンも表情の変化にともなって

絶えず動いている。にもかかわらずそれが顔の記憶や再認の障害にならないばかりか、むしろ動きのもたらす表情の持ち味の方に再認の手掛りが大きいらしいのである。このことをよく示すと思われる例を佐々木正人氏の『からだ：認識の原点』から引こう。「ガルシア・マルケスの手になるルポルタージュ、『戒厳令下チリ潜入記』は、軍政下にあるチリから逃れ、十二年にわたる亡命生活を余儀なくされている、ひとりの映画監督の息づまる祖国潜入の記録である。我々はそこに、ひとりの人間の顔を、そのひとと見分けるために最も決定的な情報がどのようなものかについて考えさせる、ひとつの事例を発見することができる。／チリでは、反軍政の象徴的な存在としてその容貌を広く知られている映画監督ミゲル・リティンは、撮影のための密入国に備え、自らを別人に仕立てるために、様々な細工を顔にほどこす。」「奇蹟は三週間ほどで達成され、外形上リティンはまったく別人になった。」「しかし、変装のエキスパートたちはこのようなからだの、とくにその顔の外形上の変化が、我々の、人間の表情を見分ける能力の前では本質的に無力であることを一言で忠告する。『笑ったら死ぬぞ』と。どのように完璧に顔の形を変えようとも、ひとたびリティンの顔が感情の波におおわれ、その表面が表情筋の動きのもとに置かれた時、仮面はあっという間に剝がれ落ち、『生の顔』が現れた[1]」。この報告は次のことを示唆しているだろう。顔の表情は相手に身体的反応（一種の同調）を呼び起こす。私たちは人の表情を図形の認知としてではなく、「らしさ」の理解として、自分の身をもって読みとる。このとき私の内部に生ずる「らしさ」の型が、相手が誰であるかの主な判定要因となるのである。

私たちが「らしさ」それ自体を表す言葉を十分にもっていないのは当然であろう。たしかに「美しい」とか「淋しい」というのも、「無謀」とか「純情」というのも、ある種の「らしさ」のラベルではある。けれども「らしさ」とはそのようなラベルによって伝えられるものではない。それは語彙の不足というより、もっと原理的な理由からである。「らしさ」とは、もともと概念としてあるものではないから、記号の操作によっては他者の内部に再現することができない。ただある種の刺激を与えて、他者が自発的に反応を起こすのを待つしかないのである。林檎の味を教えようと思えば、林檎を食べさせるほかはないように。その刺激として言葉を使おうとするなら、適当な事例を引いてその「らしさ」の反応を喚起しようとすることになる。最も反応を喚起しやすい事例が典型事例である。このような説明の方略が「たとえ」である。

3 「なぞらえ」による理解

語り手が「たとえ」によって説明するとき、聞き手はどのようにそれを理解するのだろうか。「彼はドン・キホーテだ」という説明に聞き手が行うことは、〈彼〉を〈ドン・キホーテ〉として見ることである。この操作を「なぞらえ」と呼んでよいであろう。だがこれは一方の特性を抽出して他方に貼りつけるといった作業ではない。そもそも「らしさ」は抽象して捉えることができないのだから。「らしさ」はただ全体としての生きた姿のなかに息づいている。聞き手はドン・キホーテから「無謀」「夢想家」などの特性を抽出して彼に貼り付けるのではなく、彼をそっくりドン・キホーテとして見ることによって、彼の「らしさ」を理解するのである。それも、「らしさ」そのものを認識するわけではなく、その「らしさ」の具現例としての彼を認識するのである。この具体的な姿を離れてその「らしさ」だけを抽出することはできない。従ってこれを別のロゴス的言語に言い換えることはできない。ただし別の具現例（別の譬喩）に言い換えることはできるかもしれない。「らしさ」の度合は同じでないにしても（たとえば「彼は森の石松だ」）。「彼をドン・キホーテとして見る」とは、ドン・キホーテを見るのと同じ態度で彼に向かい、ドン・キホーテの「見え」を彼に見、同じ感情的反応を彼に向けるということである。この行為において重要な効果は、（しばしばメタファー論で言われるような）〈ドン・キホーテ〉の特徴が〈彼〉に転移することではなく、ドン・キホーテに対する私の心身の構えが彼に対して転用されるということである。見方が変われば、当然彼の見え方も変わってくる。それまで見えなかった「らしさ」が彼のものとして見えてくるだろう。このとき聞き手は、この説明を「理解した」と言うのである。

ロゴス的概念は抽象的に扱えるかもしれないが、具体的事例は私たちの文化的・生物的・個人的経験から、つねにそれに対する主体の視点・態度・気持などが絡みついている。これらをひっくるめて「構え」と言うなら、典型事例に選ばれるものはこの「構え」が一定の型として定着し、人々の間で食い違いの少ないものである。「たとえ」が語られると、聞き手は典型事例に対する構えの型を、主題となっている事例に転用する。そして主題にある「見え」を見出す。この主体の「構え」と「見え」の実現をひっくるめて「理解」というのである。「なぞらえる」とは、従って、聞いた言葉の指示通り主題に特徴を結び付けること（たとえば「この音楽は快適だ」「あの男は無謀だ」）ではなく、主題をある視点から見直してみるという主体的な行為である。たとえば「この音楽を壁紙として見る」「あの男をドン・キホーテとして見る」という、それまでにない態度をとってみることである。これは「ピアノを打楽器として見る」「妊娠中絶を殺人として見る」というのと同じく、真偽を問うべき事柄ではない。ただ同調するかしないかの問題である。実際にそのような身の構えを取ってみた時、それまで表情に乏しく摑みどころのなかった対象がにわかにある「らしさ」の具現例としていきいきと立ち現れるなら、私たちは「なるほど」と納得し、この説明を「わかった」と思うのである。こうして、「たとえ」が説明の方略であるとすれば、「なぞらえ」は理解の方略である。

ところで理解のための「なぞらえ」という方略は、言語的説明の理解だけでなく、私たちの日常の思考形式の中に案外広く採用されているように思われる。たとえば出来事の理解のためにも「なぞらえ」は用いられている。

たとえば、武装集団が私人の屋敷に押し入り大量の死傷者を出すという血腥い事件があったとしよう。この時人は、事実としての事件の「いきさつ」を知るだけでなく、その事件のもつ意味としての「事柄」を理解したいと思う。ここで「いきさつ」とは、事件を構成する事実の集合とその関係、いわゆる「事実関係」である。即ち、誰が（旧浅野家家臣）、何時（十二月十四日）、誰を（吉良上野介）、なぜ（復讐）等々。一方「事柄」とは、その具体的ないきさつの全体が示す一つの型（コトの型）である。即ち、それは強盗なのか、仇討なのか、惨事なのか、美談なのか、狂気の表れなのか、意図的な自己犠牲なのか等々。元禄時代の討入り事件の評価について幕閣内では意見が分かれたようだが、一般の日本人がこの「事柄」をどのように理解したかは、『忠臣蔵』を見ればわかる。それは市民の平和を脅かす〈無法な大量殺人〉としてではなく、人の模範となるべき〈忠義の仇討〉として理解されたのである。

補記――厳密に言うなら、吉良上野介が浅野内匠頭を殺害したわけではないのだから「仇討」と言うのはおかしいのだが、人々はこれを仇討とみなした。多分そう思いたかったからである。この事件を賛美するには、公認の善なるカテゴリー、即ち「仇討」の一事例である必要があった。自己犠牲的行為を目にするとたいていの人は感動するから、たとえその行為の目的が反社会的であり、その手段が反人道的であっても、なかなかこれを悪とされるカテゴリーに含めたがらない。

「事柄」とはけっして客観的なコトの型ではない。むしろある事件をある事柄の事例として捉えるとは、その事件に対する視点・評価・感情などの身の構えを決まった型にはめこんでしまうことを意味している。ある事件を「殺人」として理解するか「仇討」として理解するかで、その事件が与える意味経験は全く違ってくるだろう(「殺人」が無色透明な用語でないことは、死刑執行や戦争行為では「殺人」の語が避けられることに表れている)。

「いきさつ」は個別的事情だが「事柄」はカテゴリーである。従って、ある出来事の「事柄」を理解するとは、結局、個別的な「いきさつ」の事例を既知のカテゴリーにあてはめることにほかならない。この既知のカテゴリーは二種類あるだろう。一つは、一定のコトの型が定義され、普通名詞のラベルが貼られている場合である。たとえば「殺人」「仇討」等。この場合「いきさつ」の要素の中にこの概念規定を満たす一定の条件(尊属者の非業の死・加害者への報復等)があれば、ほぼ論理的手続きによってカテゴリーが与えられる。ただし一つの事件の「いきさつ」は多くの要素を含むから、どれを抽出するかによって適用されるカテゴリーは違ってくる。論者の視点によって、同じ事件が「非合法殺人」にもなれば「忠義の仇討」にもなるだろう。

もう一つは、その事柄のカテゴリーを表すのに普遍的ラベルではなく、その事柄の別の具現例、つまり代表事例によってそのカテゴリーを表す場合である。これは既によく知られたモデルケースを「たとえ」として利用し、それへの「なぞらえ」によって新しい事件の事柄を理解するものである。これにも事例的なものと隠喩的なものがある。前者はふつう過去の典型事例、いわゆる「先例」である。たとえば源氏物語第一帖で桐壺の更衣が帝の寵愛を一身に受けると、これを妬む人々は二人の関係を玄宗と楊貴妃の故事になぞらえる。これによって、帝と更衣との関係が周囲にどのような事柄として理解されていたのかがよくわかる。これは「異常な寵愛」などといったラベルでは十分に表せない。

かつて中国や日本では、現実の政治的問題について論じられるとき、現状の綿密な観察と分析からその事柄を解釈するよりも、中国の歴史書の中に類似の先例をみつけ、これを引いて現在の事柄を説明する方が普通であった。議論は分析よりも「なぞらえ」によって行われたのである（たいがい類似例は一つではないから、何を選ぶかに論者の立場は現れてくる）。この論法の背後には、歴史とは同じ類型の出来事が何度も繰り返されることだという前提があるだろう。先例とは、反復される現象のある類型を代表するもの、プロトタイプなのである。歴史書であろうと、思想・文芸の書であろうと、また事実であろうと虚構であろうと、古典の中に登場し、人々の間で共有の知識となっているさまざまのエピソード（故実）は、それぞれカテゴリーを作る元型となる。歴史はそれに類似の出来事を繰り返し産み出して、芋づる式カテゴリーの事例を加えてゆくだろう。だからこそ日本では、『大鏡』『増鏡』等のように歴史書は「かがみ」と呼ばれたのかもしれない。先例は現実を映してその姿を理解する「鏡」であると同時に、反復すべき手本、即ち「鑑」でもあったのだから。

新しい事例を過去の事例になぞらえて理解しようとするのは、「事柄」だけではない。人の在りかたのモデルもまた「先人」になぞらえられる。某女優を「日本のマリリン・モンロー」、某元首相を「今太閤」などと呼ぶのは、それぞれの人物をどのような「らしさ」において理解したかを示している。さらにこの「なぞらえ」は自己の理想像（鑑）を思い描くのにも利用される。新人の野球選手はしばしば自分の目標を「ホームラン二十本・打率三割」などと言うより「王選手」と理想事例によって答える。

このように、先人・先例をモデルとしてこれに自己や自己の行為をなぞらえるのは、自分自身を意味あるものとして理解するための有力な手段となるだろう。地位と役割といった抽象的概念によってではなく、具体的人物ないし事件になぞらえるというこのやり方は、かつての日本人にはなじみ深いものであった。『太平記』は南北朝の戦乱を記述しつつ、うるさいばかりに日本・中国の先例を引照するのだが、これは山崎正和氏が指摘したとおり、中世人が過去の先人をモデルとして自己の振舞に意味を与えようとしていたことを示しているだろう。

さて、先例へのなぞらえが「事例」による「たとえ」にあたるとすれば、「隠喩」にあたるものは何だろうか。すぐ思いつくのは「ことわざ」である。短期間に営業成績をあげようと強引な戦法を取って失敗した新人に、地道な努力を重ねる先輩が忠告する。「君、急がば回れだよ」。ことわざは世間一般の理法を示すものであるということになっている。新人は自分の失敗が昔から世間で繰り返されてきたコトの型の一例であることを納得して呟く。「なるほど」。

この時ことわざは、隠喩と同じ働きをしている。「急がば回れ」とは、文字通りには地理上の一点を目指すさいの経路の取り方の話であって、ビジネスの話ではない。しかし領域の違いを越えて、彼はこの言葉の意味を理解する。目的への執着、達成への焦り、冷静な判断の欠如、客観的に確実な手段の放棄等々を含めた自分の行為を、空間的な身体の移動行為になぞらえて、その「事柄」を理解するのである。言い換えれば、身体移動という素朴な行為に還元してはじめて、彼は自分のやっていることが「型」として把握できたのである。ことわざは、この場合、事柄の「らしさ」を明瞭化するために設定された臨時カテゴリーの典型事例である。典型である理由は、おそらくこの事例が身体移動という、人間の経験のなかでも原始的かつ単純な行為であるからだろう。

一つの出来事にどのような「事柄」を見出すかは、見る人の視点によるわけだが、たいていの場合、親しい「コトの型」にそのコトを当てはめる。このときことわざは、処世の、ないし人生のさまざまな「コトの型」を単純事例によって簡潔に言語化したものだから、コトを「事柄」として了解するための元型として働く。要するに、ことわざは世間のあり方・渡り方の図式を教える隠喩である（もっとも、ことわざの中には全く文字通りという身も蓋もないものもある。たとえば「貧すりゃ鈍する」）。

また私たちは、直接に捉えがたい現象を理解するために、既知の現象になぞらえることがある。たとえば、なぜ私たちは「電流」とか「電波」と言うのだろう。これは不可視の現象を〈水〉の隠喩にたよって理解しようという態度の産物ではないだろうか。実際、中学校での授業を思い返せば、電気の流れを水流になぞらえることによって、〈電流〉〈電圧〉〈電力〉などの概念を「わかった気」になっていたのではあるまいか。もし〈水〉へのなぞらえがなく、銅線や数字や計測器だけでこれらの概念を理解せよと言われたら茫然としていたかもしれない。同様に、空中を伝わる電気現象を「電波」とよぶとき、私たちは殆ど無意識の内に水面を伝わる波になぞらえて、この見えない現象を理解している。こうして私たちは未知の電気の振舞いを、既知の水の振舞になぞらえて、理解したつもりになっている。なにしろ私たちは毎日のように水を飲んだり風呂に入ったりして、水がどういうものかは身体で知っているといってもよいくらい親しい付き合いであるから。そこへ電波は粒子の性質をも持っているなどと言われると、たちまち混乱してしまう。私たちの知る〈波〉は〈粒〉と両立しないからである。「電波とは何なのか、さっぱりわからない」とさえ思う。しかしなぜ私たちは電気の物理的数学的定義だけで満足せず、これを〈水〉や〈粒〉のようなものとして思い描こうとするのだろう。そうしなければ電気について「わかった気」がしないからである。そして「わかる」ためには他の事物のイメージを借りてでも、その「らしさ」を直観的に摑まなければならない。人は、捉えどころのない事象については、これに直観可能な形を与えることによって、ようやく理解したり、考えを展開したりできるようになるのである。

補記――隠喩的「なぞらえ」は、既に「いきさつ」を知っているコトを理解するための方略であるだけではない。これをさらに進めれば、「なぞらえ」による理解が先行し、そこからまだ知られていなかったコトの部分が予見されるという、逆の事態がありうる。このとき「なぞらえ」は理解のための方略というより発見のための方略となる。実際、科学者は不可視の領域について研究するさい、まず既知の事柄になぞらえて直観可能な形を与え、その姿をイメージすることによって未知の構造の仮説をたてることがある。マックス・ブラックによれば、ボーアが原子の構造の仮説を考えたとき、数式によってではなく、実体モデルのイメージによって考えていたという。今日の教科書では、ちょうど太陽をめぐる惑星のように、原子核をめぐる電子があるという説明図が私たちに原子構造の直観的理解をうながす。このときイメージは説明のための方略である。一方ボーアはイメージを発見のための方略として用いたのである。このような、未知の領域の問題を既知の領域の事柄になぞらえ、直観的理解の可能なイメージに置き換えて思考を進めるという方略は、いわば隠喩によって思考することだと言えよう。S・C・ペパーはこれを「根の隠喩」(root metaphor)と呼び、マックス・ブラックはこれが隠喩と似ていることを指摘しつつ「元型」(archtype)と呼んだ(2)。いずれも、新しい知の発見のもととなる既知の「型」ということである。未知の領域はこれになぞらえられることによって思考可能となり、新しいモデルが発見されてゆくわけである。こうして「なぞらえ」は、知識から理解へと至る方略であると同時に、理解から知識の構築に至る方略でもある。

4 「なぞらえ」と概念体系

新しい知を得るためには、まずそれを理解しなければならないとは、しかし人間にとっては(コンピューターにとってはともかく)むしろ普通のことであるように思われる。たとえば幼児は言葉を学ぶことによって世界を理解するための知識を増やしてゆくと言われる。だが人は年号を丸暗記する受験生のようにただ単語を丸暗記してゆくわけではない。記憶に先立ってその言葉の指す「事柄」を理解していなければ、それは私たちにとって意味のある知識とはならないだろう。では新しい言葉の指す新しい事柄を人はどうやって理解するのか。そこには殆ど常に、既知の事柄へのなぞらえという作業があるのではないだろうか。こうした観点から「なぞらえ」が人の概念体系の根底にあることを説くのがレイコフとジョンソンである。

彼らの共著『レトリックと人生』（原題はMetaphors We Live by「私たちの生きかたを支える隠喩」）の主旨を一言で要約するなら、「われわれが普段、ものを考えたり行動したりする際に基づいている概念体系の本質は、根本的にメタファーによって成り立っている（3）」ということである。彼らの言う「メタファー」は表現技巧としての隠喩ではない。理解や思考のための方略である。彼らの規定によれば「メタファーの本質は、ある事柄を他の事柄を通して理解し、経験することである（4）」。この「メタファー」を日本語にするならば、「隠喩」よりも「なぞらえ」という方が適切であろう。即ち彼らのメタファー論とはなぞらえ論にほかならない。「筆者らは人間の思考過程の大部分がメタファーによって成り立っていると言いたい（5）」という彼らの主張は、人の思考がロゴスよりも「なぞらえ」に依存しているということである。

彼らは「概念」を、「固有の属性」によって定義されるものではなく、むしろ各人にとっての意味であり、従って各人が理解しているもののことであると考える。そして、ある概念についての私たちの理解は、その大部分が他の概念へのなぞらえによってなされているとする。ただし、それは一観念を他の一観念と比較することではない。「理解というものは、経験の領域全体に基づいて生ずるのであって、個々の観念に基づいて生じるのではない（6）」からである。言い換えれば、私たちが理解するものはコトの経験という全体であって、個々の観念はその構成要素にすぎない。むしろ観念はそのコトの中に位置づけられることによって意味を得るのである。「なぞらえ」とは、既に理解ずみの経験領域に基づいて未知の経験領域を理解することである。そこで理解されるものは、二つの領域に共通する経験の「型」である。これをレイコフらは「経験のゲシュタルト」と呼ぶ。「なぞらえ」とは、ある領域に、別の領域の「経験のゲシュタルト」をあてはめて、その事柄を理解することなのである。たとえば〈議論〉についての理解は〈戦争〉のメタファーに基づいていると彼らが言うとき、それは議論というコトの経験の領域全体、即ち開始があり、敵と味方があり、攻撃と防御があり、勝利と敗北があるという、議論経験の全体が〈戦争〉と同じ構造をもつものとして理解されているということである。このことをレイコフらは多くの文例によって示すのだが、その一部を引こう。

Your claims are *indefensible*.
〈君の主張は守りようがない（＝弁護の余地がない）〉
He *attacked every weak point* in my argument.
〈彼は私の議論の弱点をことごとく攻撃した〉
I' ve never *won* an argument with him.
〈私は彼との議論に一度も勝ったことがない(7)〉

さらに多くの実例をあげたあと、レイコフらは言う。

「重要なことは、私たちは単に戦争用語を用いて議論のことを語っているだけではないということである。議論には現実に勝ち負けがあり、議論の相手は敵とみなされ、相手の議論の立脚点(=陣地)を攻撃し、自分のそれを守る。優勢になったり、劣勢になったりする。戦略をたて、実行に移す。自分の議論の立脚点(=陣地)が守りきれないとわかれば、それを放棄して新たな戦線をしく。議論の中でわれわれが行うことの多くは、部分的ではあるが戦争という概念によって構造を与えられているのである。(8)」

もちろんレイコフらが念頭においているのは英語の〈議論〉の概念だが、日本語でも事情は変わらないだろう。英語例文の直訳がそのまま、日本語の〈議論〉の概念にもあてはまるのだから。

もっとも文化が違えば概念が違うことはありうる。そこで彼らは〈議論〉を〈ダンス〉のメタファーによって理解している文化を想像してみる。論者は踊り手とみなされ、議論の目的は見た目に美しく論じあうことになる。多分人々は議論について「息があわない」とか「創造性に乏しく単調だ」とか「中だるみはあったが最後はうまく決まった」などと語るだろう。そして言うまでもなく、概念の異なる文化においては、行動も異なるであろう。

「われわれは議論を戦争とみなし、戦争をするような議論の仕方をするが、彼らはダンスとみなして、ダンスをするような仕方で議論をする、ということになるであろう。(9)」

もっとも〈議論〉の概念に構造を与えているのは〈戦争〉だけではない。いかなる概念もたった一つのメタファーによってのみ理解されるわけではない。レイコフらは〈議論は容器である〉

という別のメタファーもあげているけれども、もう例を引くには及ぶまい。彼らが言おうとしたことは十分にわかるだろう。それは私たちの概念の殆どは、他の概念への「なぞらえ」によって理解されていると言うことである。従って、私たちの概念体系は「なぞらえ」を原理として構築されているということである。

ここで一つの問題が生ずる。概念体系の大部分が「なぞらえ」によって成り立っているとすれば、たとえば概念Aは概念Bに基づいて理解され、BはCに基づいて理解されているということになるが、その連鎖を辿ってゆくと最後にはどのような概念に辿りつくのか、ということである。そこには、何の「なぞらえ」にもよらず理解された原初的な概念というものがあるのだろうか。それとも、全ての概念は循環し相互に規定しあっているにすぎないのだろうか。ここは多くの言語論者にとって岐れ道である。前者であれば、人間には原初的な意味というものがあることになる。後者であれば、全ての意味は相互に依存する恣意的な関係の網にすぎない。今日の日本の論壇の主流は、いうまでもなく後者である。しかしレイコフらは、原初的な概念があると考える。他の概念のよりどころでありながら、それ自体は他の概念にたよらず直接に理解されるような概念とは、それではどのようなものか。たとえば、〈上―下〉〈前―後〉〈内―外〉〈遠―近〉などの空間概念がそうである。これらの概念構造は私たちの日々の身体的経験から理解されている。即ち、身体的経験の領域こそ、他の諸概念の基礎となる元型的概念の母胎なのである。

補記――これは市川浩・丸山圭三郎両氏のいう「身分け」にあたるだろう。そしてレイコフら自身も、完全に純粋な身体経験というものはなくあらゆる経験が文化的背景の中で生じることを認めるから、

「言分け」が「身分け」を浸食しているという丸山理論と全く矛盾するわけではないが、彼らは「立ち上がるといったより身体的な経験と、結婚式にでるといったより文化的な経験」との区別を強調しており、その区別にもとづく身体的経験の基盤的性格の主張にむしろ力点はある。おおざっぱに言うなら、丸山理論は恣意的な「言分け」が「身分け」を解体し去ったことを強調し、レイコフらは「言分け」が生理的「身分け」のなぞらえによって成立していることを主張するのである。

身体経験の中で、地から図が浮かび上がるように、私たちに現れ出てくるこの概念をレイコフらは「現れ出る概念」と呼び、日常のさまざまな概念がこの元型的概念によって構造化されていることを例証してみせる。たとえば〈楽しさ—悲しさ〉という概念は〈上—下〉の構造になぞらえられている。例文の一部を引こう。

I'm feeling *up*.
〈気分は上々だ〉
I'm feeling *down*.
〈気持が沈んでいる〉
You're in *high* spirits
〈上機嫌だね〉
I'm *depressed*.
〈落ちこんでいる(10)〉

他にも〈意識―無意識〉〈支配―服従〉〈良いこと―悪いこと〉などがやはり〈上―下〉の構造によって理解されている。きりがないので、ほんの一部だけ引いておく。

Get *up*.
〈起きろ〉

He *fell* asleep.
〈眠りに落ちた〉

He is *under* my control.
〈彼は私の支配下にある〉

He *fell* from power.
〈彼は権力の座から転落した〉

Things are looking *up*.
〈景気は上向きつつある〉

He does *high*-quality work.
〈彼は質の高い仕事をする (11)〉

レイコフらの上げた英語表現の例文が、ほぼ日本語にもあてはまることは注目に値するだろう。

さまざまな概念をなぞらえによって構造化するしかたが、文化の違いにもかかわらず、基本的には似たようなものであるということが示唆されているからである。

身体経験から直接に現れ出る概念は、もちろん〈上―下〉などの空間関係だけではない。私たちは自分自身や外部の物体を、中身のつまった実体として、また内部と外部をもつ容器として経験している。ここから、非物体的なものを、実体や容器になぞらえて理解しようとする傾向が生じる。レイコフらは空間関係に基づく「方向づけのメタファー」に対し、これを「存在のメタファー」と呼ぶ。たとえば精神を実体とみなして、もろさや強靭さについて語る。あるいはインフレを実体とみなして、それと戦ったり、その側面を見ようとしたりする（擬人化というのは「存在のメタファー」の好例である）。また時間的な出来事を空間的な容器とみなして、その内部と外部を区別する。たとえば「彼は恋愛中だ」とか「窮状を脱した」とか（時間的な出来事に「方向づけのメタファー」が適用されることもある。たとえば私たちはある事件の「前」や「後」について語る）。

要するに、私たちは、不明瞭なものをより明瞭なものに、構造のあいまいなものをよく構造を知っているものに、直接経験できないものを経験ずみのものになぞらえ、そして最終的には「身体的なものを基盤にして非身体的なものを概念化している(12)」のである。

補記――身体的概念が非身体的概念に転用されること自体はレイコフ以前からしばしば指摘されている。たとえばウェルナーも「いままで何度も注目されてきたことであるが、抽象語のほとんどは、その起源を具体的な感覚―運動―情動に持っている。たとえば抽象語は「手による概念」（manual concept）から発していることが多い」とカッシングの研究を引きつつ「私はその考えを把握する」（I grasp the idea）といった例をあげている。ここでは〈考え〉は実体として扱われ、理解は手で摑むという動作になぞらえられている（13）。また日本語の「わかる」が「分ける」という事象分節行為から来ていることは多くの人が好んで引き合いにだす通りである。

そして私たちの概念体系は、ある領域の経験の「型」を他の領域に転用するという「なぞらえ」の原理によって構築されている。ということは、概念体系は決して〈論理的秩序〉を原理として構築されているわけではないということである。またその構造の基底には身体的経験の領域がある。ということは、概念体系は完全には恣意的でないということである。

補記――もちろんこれは、身体的経験による概念のみによって全ての概念が構造化されているということではない。各々の文化は、その概念体系の一部に独自の概念構造をもつであろう。さらに文化的習慣が身体的経験の「型」のありかたに影響を及ぼすという面も否定できない。従って身体的経験の「型」という祖型から全ての概念がツリー状に派生するという単純な構図にはならない。ただ、普通考える以上に、私たちは身体経験の「型」を「プロトタイプ」として、多様な概念を理解しているということである。

概念体系、即ち私たちの知識の枠組みが、定義や論理によって構成されているわけではなく、むしろ「人間の経験や理解が中心的役割を果たしているという説」は「西洋哲学の伝統の中心的前提」に修正を迫るものであることを彼らは自覚していた。というのも、この説に従うなら言葉の意味とは「なぞらえ」によって理解されたものにすぎず、「客観的真実あるいは絶対的真実が存在する可能性を否定」することになるからである（14）。これは論理実証主義の発想から抜けきれないアメリカの風土においては、とりわけ抵抗の強い説であろう（なにしろ、コンピューターの構造になぞらえて思惟構造を理解しようという研究が隆盛しているお国柄である）。そこで彼らの努力の半分は、伝統的哲学の方法的前提である「客観主義」（合理主義・科学主義としばしば言われるものとほぼ同じ）の批判に費やされる。だがこれを日本の読者のために引く必要はあるまい。

レイコフとジョンソンは共著『レトリックと人生』のあと、別々に研究を進める。ジョンソンの最近の著書『精神の中の身体――意味と想像力と理性の身体的基盤』は、題名からも察せられるとおり、身体的経験がいかに私たちの精神の基本形式を形成しているかに焦点があてられている。身体と外界との相互作用の繰り返しが、有意味なまとまりとしての型、彼のいう「イメージ図式」を生じる。抽象的領域を含めて、意味とか理解とかは、この「イメージ図式」の比喩的投射（つまり「なぞらえ」）によって作られるものだ、というのが大筋である。一方、レイコフの近著『女と火と危険物――カテゴリーが精神について明らかにすること』は、認知が常にカテゴリーの認知であることを踏まえ、認知一般の仕組みのモデルを提案しつつ、主としてその中の「換喩モデル」に焦点があてられる。彼のいう「換喩モデル」とは、本書でいう「事例的なぞらえ」であるといってよい。あるカテゴリーが通念的事例（ステレオタイプ）や理想的事例（鑑）によって代表され、カテゴリーの全体が代表例の具体的イメージによって理解される仕組みの精密な研究である。

5　共通感覚としての「らしさ」

それでは「身体的なもの」が領域の異なる「非身体的なもの」へ転用される根拠は何だろうか。これについてもレイコフらは一応の説明を用意している。たとえば〈楽しさ―悲しさ〉が〈上―

下〉になぞらえられる「肉体上の基盤」として「悲しいことがあったり、気持が沈んでいる時はうなだれた姿勢になり、元気はつらつとしている時はまっすぐな姿勢になるのが普通である」という。また〈意識—無意識〉が〈上—下〉になぞらえられるのは「人間並びに大部分の哺乳動物は横になって眠り、目がさめると立ち上がる」からだという(15)。しかしこれらの説明は、彼ら自身「簡単なヒント」と釈明している通り、あまりにも単純である。レイコフらは、楽しい時の姿勢、起きている時の姿勢が直接に「なぞらえ」の根拠になるとしているが、仕掛けはもう少し複雑ではないだろうか。

私たちは上下について実に多様な身体経験をもつ。しかもそれは単に空間的であるばかりなく、私たちにとってさまざまの意味を持つ。既に幼児の頃、母親を見るためには「見上げ」なければならない。おいしい物は上の方から伸びてくる手によって与えられる。成長するに従い身長は上に伸びる。それにつれて力も強くなる。荷物を担げは、下側の者は上にある物の重みに耐えねばならない。その他無数の身体経験から、私たちは〈上らしさ〉〈下らしさ〉の理解をもつに至るのである。この「らしさ」は無論言葉で定義できるわけではないが、たとえば〈上らしさ〉は〈望ましいこと〉〈強いこと〉〈抑圧すること〉などを含むだろう。〈楽しさ〉が〈上〉になぞらえられるのは、楽しいときの肉体的姿勢から直接にきているというよりも、むしろ多様な身体経験に基づく〈上らしさ〉の理解からきていると考えるべきであろう。

私たちに「らしさ」を教える身体経験とは、単に肉体の振舞というよりも、その振舞が私たちにとってもつ意味である。たとえば重い物を担ぐとき、私たちは全身の筋肉の緊張と若干の苦痛を感じる。これは体性感覚である。しかしこの肉体的体性感覚を原因として、私たちは別に一種の内部感覚を生じる。仮に「被抑圧感」と呼んでもいい。そして驚くべきことに、この「被抑圧感」は物理的に重い物を担いでいなくとも、たとえば望ましいものを禁止されたときにも生ずるのである。つまりこの被抑圧感は〈下らしさ〉の一部であると同時に〈被支配らしさ〉の一部でもある。別の観点からみれば、この被抑圧感という「らしさ」は、物理的に何かの下になることによっても具現され、また誰かに支配されることによっても具現されるのである。従って、〈支配—被支配〉の関係が〈上—下〉関係になぞらえられるのは、両者が同じ「らしさ」の事例であり、かつ後者の方がより典型的であるからにほかならない。身体的経験による方が非身体的経験よりも「身をもって」知っている分、より理解が深いからである。

このような、経験の領域を異にしながら共通の内部感覚を生じる現象は、「共通感覚」と呼ばれてきた。とすれば、「らしさ」の認知は、単なる五感の知覚のレベルではないのはもちろん、物理的な意味での身体的経験のレベルでもなく、その経験が私たちの内部にもたらす感覚としての共通感覚のレベルで行われると言ってよいだろう。本居宣長がその「もののあはれ」論で「物事の味」とよんだものは、まさにこのレベルにおける「らしさ」の型であったように思われる。(ただし宣長も「物事の味を知る」こととそれに対して「あはれを感ずる」こととをはっきり区別したように、共通感覚そのものは感情ではない。この共通感覚への反応である快不快などの気分の型が感情である。感情はそのつどの個人の心理状態で左右されても、共通感覚の方は一種の認知であるから、かなり一定しているだろう。またそうでなければ隠喩は成り立たない。)

私たちは荷物の重量だけでなく、音楽についても「ベートーベンは重い」とか「壁紙音楽は軽い」とか言う。建築にも「ゴシックは重い」「ポスト・モダンは軽い」などと言う。作家の文体にも酒の味にもやはり「重い」とか「軽い」と言う。かつて松任谷由美は藤真利子を「軽い人格、重い演技」と評した。これらの「重い」「軽い」は、さまざまの対象に転用された隠喩というより、一つの共通感覚を指す同じ言葉だというべきだろう。つまりこの形容詞は対象の属性を指すのではなく、それを経験する私自身の内部態勢の特性を指している。またたからこそこの言葉は、同じ感覚をもたらすさまざまな経験領域（芸術・人格から酒の味まで）で用いることができるのである。

こうして、「なぞらえ」という操作の基底にあるものは、身体的経験の引照によってある身体の構えの記憶を呼び起こし、それがもたらす味（共通感覚）を別の領域（多くは非身体的経験）の味として理解することである。もっとも、身体の構えとそれがもたらす味とは完全に分離できるものではないだろう。自由な行動の禁止によって被抑圧感を感じるとき、さらに重い人格や重い演技に対したとき、私たちの筋肉は僅かながら重量に耐えるときと同じパターンの緊張を帯びているのかもしれない。また音楽などに甘さを感じるときも、甘いものを食べたときと同じ全身の弛緩や神経の興奮のパターンがより小さな規模で生じているのかもしれない。とすれば、共通感覚とは異なる身体部位の刺激に対して生ずる共通の感覚であるというより、異なる領域の経験に対して生ずる共通の身の構えに対する感覚ではないだろうか。おそらく味覚や触覚などの五感、そして自身の体勢を感ずる体性感覚それ自体も部分的な感覚であるのに、共通感覚はそれらが引きおこす全体的な身体の状態についての感覚なのである。だからこそ、部分的な感覚の背後にあってそれらに共通したものでありうるのだろう。

また、共通感覚とそれに対して生ずる気分とを完全に分離することもできないかもしれない。たしかに気分の方は人によって異なり、同じ人でさえそのときの条件によって異なるものだろうが、ある程度は対応のパターンが決まっているともいえる。甘さを快いと思うひともいればげんなりする人がいるのも事実だが、ある芸術作品を（音楽であれ文学であれ）「甘い」と評するなら、それはげんなりするような反応を意味しているのである。

補記——ゴンブリッチは「甘ったるい」絵に対する嫌悪感が共通感覚に基づくことを指摘しつつ、これが「口唇期の過剰に対する私たちの反応をのべている」とするが(16)、「甘さ」のもつ共通感覚の意味あいは、土居健郎氏の研究にもみられるように(17)もっと根が深いと思われる。それは人の対世界関係、存在の安定そのものに関わっているだろう。

とすれば、共通感覚とは、常に身体の構えや気分を影のように伴っているものだと見た方がよいだろう。そして「らしさ」とは、共通感覚を中心としつつも、これらの全体を含む、いわば心身態勢の「型」であるということになるだろう。

このように考えてみると、「らしさ」の理解とは、共通感覚をもたらすような心身の構えの型（図式）を自ら具現してみることである。こうして理解されたものが「らしさ」の意味であるとするなら、このような意味が対象化して捉えられるはずがない。身体でわかるべきものは身体で納得するほかはないのである。あるものを別のものとして見るという「なぞらえ」の操作を行うとき、私たちの身体は無意識のうちに示唆された図式をなぞり、特定の身の構えによって特定の共通感覚を、対象の内にではなく、我が身の内に読みとっているのである。

現代芸術を見て人はしばしば「わからない」と呟く。これは何よりも見方がわからないということである。新しい様式の作品を前にすると、人はどのような構えをとればよいのかわからない。身体はなぞるべき図式を見失い、茫然と立ちつくすことになる。見方がわかるとは、作品への構え方が身につくということであり、自分の身体のうちに共通感覚を励起させ、その心身態勢の型を「らしさ」として理解できるということである。だから、いわゆる大衆芸術は、人々によくなじまれた型を呼び起こそうとする。「わかりやすい」とは、簡単にその心身態勢に浸ることができるということである。

そういえば私が「壁紙音楽」に見出した〈壁紙らしさ〉とは、まさに私自身の心身のある態勢にほかならない。剝き出しのコンクリートでもなく、重厚な板張でもなく、柔かな壁紙のもたらす優しい肌触り、温かな色模様、そこで肢体の緊張をほぐされ怠惰な平安を取り戻す、あの感覚こそが「壁紙音楽」と呼ばれるこの音楽に共通したものであった。視覚と聴覚という五感の国境を超えて、私の心身の内部に具現していた「型」であった。「壁紙音楽」という言葉に私が納得したのは、私が自身の〈壁紙経験〉を心の中でなぞり直し、そこに同じ心身態勢が見出されたことの承認だったのである。

（1）佐々木正人『からだ：認識の原点』東京大学出版会、八―一〇頁
（2）Max Black, *Models and Metaphors* (Cornell University Prsss, 1962), 239-241.
（3）G・レイコフ＋M・ジョンソン『レトリックと人生』渡辺昇一＋楠瀬淳三＋下谷和幸訳、大修館書店、三頁
（4）同、六頁
（5）同、七頁
（6）同、一七五頁
（7）同、四―五頁
（8）同、五頁
（9）同、六頁
（10）同、一九頁
（11）同、一九―二四頁
（12）同、九八頁
（13）H・ウェルナー＋B・カプラン『シンボルの形成』柿崎祐一監訳、ミネルヴァ書房、六〇頁
（14）レイコフ＋ジョンソン、前掲書、iv頁
（15）同、二〇頁
（16）E・H・ゴンブリッチ「精神分析と美術史」横山勝彦訳、『棒馬考』勁草書房、九五頁
（17）土居健郎『「甘え」の構造』弘文堂

五　「身にしむ」言葉――制度的意味と受肉した意味

1　概念構造と身体

概念が私たちの「身についた」ものになるためには、まずそれを理解しなければならない。この観点からレイコフとジョンソンは、私たちの概念体系が「なぞらえ」の原理によって構築されていることを示した。そして「なぞらえ」の連鎖を遡ってゆくと、その原初に空間図式などの身体的経験があることを示した。しかし彼らが注目したのは「上下」「内外」など事象の構造の理解であって、物そのものの理解ではない。このため子供がまず覚えてゆく身の回りのありふれた物、たとえば犬や椅子などの概念については説明がない。これらは理解に「なぞらえ」という作業が必要だとも思われないから、たぶん日々の経験の中で直接に学ばれると考えるべきだろう。では、私たちは〈犬〉や〈椅子〉の概念をどのようにして獲得したのだろうか。それらは私たちの身体や直接的経験とどのように関わるのだろうか。しばらくこれらの素朴な概念の形成について考えてみよう。

まず概念の内包をロゴス的定義であるとするいつもの立場に立ってみよう。これらの定義にあたっては、自然物と人工物とを区別するのが一般的な態度である。動植物などの自然物は人間とかかわりなく既に存在しているものであり、こういうものはその特徴をとらえて分類するほかはない。従って犬が猫や狼とどう違うかは、それぞれが自然から与えられている特徴、つまり「固有の属性」によって定義される（たいていは知覚上の特徴が基準に選ばれる）。これに対し、人工物はそもそも「何かのために」作られたものだから（ハイデガー風に言えば「道具」だから）、制作者の付与した機能こそがその本質ということになる。たとえば「ペン」は〈インクで書く道具〉であり、「のこぎり」は〈木を切る道具〉である。そこで辞書は普通「椅子」を機能によって定義して「そこに腰かけるもの」などと記述する。しかし自然物は形態的特徴、人工物は道具的機能という二分法は、定義の方法論としてはともかく、私たちの概念の内実としてほんとうに適当だろうか。

もし外形上の特徴だけを見るなら、シェパードは狆よりも狼に近いだろう。しかし私たちの分類では、シェパードも狆も犬に含められ、狼との間に一線を画されている。この境界線は、従って、外形上の特徴を基準としているわけではない。実は「飼えるか、飼えないか」が分かれ目になっている。家畜として使えるという機能が〈犬〉と〈狼〉を分けたのである。犬を飼う習慣のない文化においては、犬と狼の区別は意味をもたないであろう。つまり人間は、自然を分類するときでさえ、自分の生活にとって意味があるように環境を概念化しているのであり、単に物の側の特徴のみでカテゴリーを決定しているわけではない。日本人が西欧人にくらべて魚を細かく分類し、同じ種にさえ成長段階に応じて異なる名前を与える（出世魚）というのも、エスキモーが雪を指す数十種の名前をもっているというのも、自然物の概念が、私たちと自然との関わり方に依拠していることを表している。

一方、〈椅子〉の概念も機能だけによっているとは思われない。私たちは日々の生活から〈いかにも椅子らしい椅子〉の形を知っており、ミニチュアの椅子を見ると、到底そこに座ることはできないにもかかわらず、ただちに「これは椅子だ」と判定できる。ここでは機能ではなく形態がカテゴリー判断の基準になっている。もっとも「〈椅子の模型〉は〈椅子そのもの〉ではない」と言うかもしれない。しかし私たちは椅子の模型を見て、「はて、これは何だろう」と首をひねることはないのであって、ただちに「椅子」という言葉を思い浮かべるのである。そして実用性がないので「ただし模型の」とつけ加えるだけである。即座に〈椅子〉の概念が呼び起こされるのは、その形のゆえにほかならない。またたとえば、外形は典型的な椅子だが腰を下ろす部分に剣山のような刺が生えている物があったとしよう。こういう代物を前にすると私たちは何と言うか。たぶん「これは椅子ではない」と判断するよりも、「拷問用の椅子ではないか」といった思案をするだろう。形からまず「椅子」と判定し、その前提に立って特別な機能を考えるわけである。とすれば〈椅子らしい形〉というものも〈椅子〉の概念の重要な一部を成していると考えねばならないだろう。この「〜らしい形」を「イメージ」と呼ぶことにしよう。即ち、私たちは〈椅子のイメージ〉というものを持っており、たとえ機能的には椅子の用を果たさないとしても、その形がこのイメージの具現例であるなら、私たちはただちにそれを「椅子」と判断するのである。

こうして、私たちは〈犬〉や〈椅子〉の概念として、定義とイメージの双方を持っていると考えられる。しかし、ここで「定義」ということの内実をもう一度考え直してみなければならない。たとえば「虚数」といった専門用語は、たいてい言葉による定義を学んでその概念を知る。そして「定義」とはふつうこのような言語的命題の形をとるもののことを言う。ところが子供は「椅子」の言語的定義を学んではじめて〈椅子〉の概念を知るわけではない。「腰かけるもの」という言葉による知識によってではなく、実際に椅子に座ってみるという実践的経験によって〈椅子とはどういうものか〉を知るのである。それとも、たとえ意識の表面に浮かばないとしても、心の中には〈椅子＝腰かけるもの〉という定義が意味ネットワークとして存在しているのだろうか。だが子供は「腰かける」という言葉を知らなくとも「椅子」とは何かを知ることができる（しばしば「腰かける」という動詞よりも「椅子」という名詞を学ぶ方が先だろう）。これに対し、いや「腰かける」という言葉は知らないとしても、〈腰かける〉という前言語的概念があるのだと言うかもしれない。なるほど、ではその概念はどうやって学ばれたのだろう。実際に《椅子に腰かける》という実践的経験を通してではないだろうか。とすれば、身体的経験が概念の獲得に先立っているのである。それにおそらく子供は〈腰かける〉という概念をもたなくとも、《腰かける》ことはできる。そもそも動物は必要に応じて立ったり座ったり走ったりしているが、その行為にいちいち〈座る〉とか〈立つ〉とかの概念を与えてはいまい。つまり、子供は、《椅子》を見れば、それをどう使えばよいかを認識し、「椅子」と言うことができる。そのとき、実践的な行動の「型」を目の前の物に結びつけているわけであり、このとき〈椅子〉の概念とは、精神的内容というよりも、身体的行為の可能性として、いわば脳味噌よりも筋肉にひそんでいるのである。この椅子と関わりを結ぶにはどう動けばよいかという、身体の準備体勢としてあるのだと言ってもよい。ちょうど、自転車の乗り方を知っていながら、それを明確に意識することも説明することもできないのに似ている。私たちは、自転車を見れば、それを「自転車」と呼ぶことができ、自分がそれに乗れることを知っている。乗れば実際に身体を正しく使うことができる。けれども乗りかたの手順を要素に分解し、認識し、命名しているわけではない。「暗黙知」である。子供が《椅子》を「椅子」と呼ぶことができ、実際にそこに腰かけることができるとしても、〈腰かける〉という言語的概念があるとはかぎらないし、実際そのような概念は必要がないのである。このとき子供は〈椅子とは何か〉を「身体で覚えている」のであって「頭で覚えている」のではない。

とすれば、〈椅子〉の定義的概念の中核にあるものは、事物としての椅子というより、椅子に腰かけるという一連の行為がもたらす身体経験の「型」である。しかし私たちは自己自身の経験の「型」よりも、そのさいに関わり合う事物の方が対象的であるため意識に捉えやすい。そこで行為経験の全体を、事物で代表させるということが起こる。「椅子！」と子供が言うとき、従って、事物としての椅子を指示するだけでなく、椅子に腰かけることを含むある事態の全体に言及していると考えた方がよいことがあるだろう〈〈自分は椅子に腰かけたい〉とか〈あそこに椅子に腰掛けている人がいる〉とか〉。

こうして私たちの椅子の概念にはいくつかの層があることになるだろう。その最上層の表面には「椅子」という言語的ラベルがある。そのすぐ下には椅子についての表象、つまり私たちが椅子について意識対象として想起するものがある。中でも最も明確に認識されるのは言語的表象であろう。〈家具〉〈腰掛けるもの〉など。即ち「椅子」の定義であり、ロゴス的意味である（「腰掛け」「ソファ」などの関連する記号、いわゆる「連合関係」「範列関係」の語もここに含めることができる）。次にやや曖昧なイメージがある。もっとも《いつも自分が使っている椅子》についてはかなり明瞭なイメージを思い浮かべることができよう。だが〈椅子一般〉のイメージとなるとひどく曖昧になる。それも道理で、個々の椅子の事例（《私の椅子》《あの喫茶店の椅子》）と異なり、一般的な椅子のイメージは具体的な視覚形象としてあるわけではない。それはただ〈椅子らしさ〉としてある。私たちはこの「らしさ」として意識されているイメージを基準に、個々の事例を「椅子らしい」とか「椅子らしくない」とか判定する。あるいは、椅子の絵を描けと言われるとこのイメージを具現するような事例を想像して筆を下ろす（たいてい四本脚で背もたれのある形になるだろう）。その絵がどのていど精密かは好みによるだろう。簡単な描線であろうと写真のように厳密であろうと、「らしさ」のイメージの具現であることに変わりはないのだから（風刺漫画家のデフォルメした似顔絵を見て直ちに誰の顔かがわかるのも、人の顔が写真のような具体的形象というより、「らしさ」のイメージとして記憶されているからだろう）。私たちは個々の視覚的形象を前に、それが〈椅子らしさ〉のイメージの具現例であるかどうかを即座に判断できる。また紙と鉛筆を与えられれば、そのイメージを肉化して視覚的形象を与える（具現する）こともできる。しかしこの「らしさ」のイメージそのものは視覚的形象として捉えられているわけではない。それはいわば、具体的形象の種となる、形象以前の「型」である。これをなおイメージと呼ぶことはできるとしても、表象というのはもはや適当ではないだろう（ここでは「表象」の語を、意識対象、即ち反省的意識の客体となるもの、したがって意識によって操作可能なものに限ろう）。もちろん個々の椅子の事例のイメージは表象である。私は《自室の椅子》のイメージを思い浮かべ、頭の中でそれを回転させたり、誰かを座らせてみたりできる。言語的命題同様、視覚的形象の表象は操作できるのである。しかし〈椅子一般〉のイメージをそんな風に操作することはできない。「らしさ」の型は表象ではなく、暗黙知に属するのである。この知はまさに「個々の事例の『らしさ』を判定できる」（カテゴリーの認知）、「その具現例を作ることができる」（たとえば絵を描く）という実践のための能力であり、また実際の行為において（具現例において）初めて目に見えるようになるのである。こうしてイメージには、表象の一部としてのイメージと「らしさ」についての前形象的イメージとがあることになる。

しかしその下層にさらに身体的経験の型がある。これは身体で知っている知識であって頭で知っているものではない。だがこの暗黙知があればこそ、誰でも椅子をみかければ「椅子」という言葉を思い浮かべる前に腰掛ける（具現例の実践）ことができるのである。このような身体的経験（行為ないし構え）の型もまた、前形象的イメージの型と共に、「らしさ」の型を構成している。

こうして概念とは、大雑把にいうなら、記号的ラベルの層の下に表象が、さらにその下に「らしさ」の型があり、表象の層は言語的（ロゴス的）概念と形象的イメージから、「らしさ」は前形象的イメージと身体的経験の型から成るということになる。「概念」とは、人目につきやすい表面のラベルとそのすぐ下の表象だけから成っているわけではないのである。それらは実は氷山の一角にすぎず、その水面下に「らしさ」の知が沈んでいる。これまでしばしば「概念」は、私たちが意識し操作しているものだけで（とりわけロゴス的内容だけで）成り立っているかのように語られることがあったけれども、それらは意識の光にあてられた先端部分にすぎない。実は光の届かぬ暗黒の部分の方が大きく、そしておそらくはより基本的なのである。むしろ命題的定義などは、「椅子」の語から直ちに想起されたというより、「らしさ」の知の一部を言葉に翻訳することでそのつどでっち上げられているにすぎないとさえ言えるのではあるまいか。とりわけ、椅子が何であるかという概念の理解に関しては、イメージよりも身体経験の方により依存しているであろう。少なくとも個人が習得してゆく概念の原初が身体的経験の型であることは、発達心理学の研究からも裏付けられる。

2　原初の概念形成

ほとんどの発達心理学者が共通して指摘していることは、幼児の概念ははじめ自分の行動と不可分な具体的なものであって、大人のように概念を抽象的に操作できないということである。言い換えれば、大人の概念は意識の上で操作される客体であるのに、幼児のものは客体として定立される以前の（つまり主客未分の）身体経験の型にとどまっているということである。そこで子供の知的発達で最も重要な段階は、概念が具体的・身体経験的なものから抽象的・客観的なものへと発展すること、つまりロゴス化することであると考えられてきた。この発展をヴィゴツキーは「生活概念」から「科学的概念」へ、ピアジェは「前操作期」から「操作期」へ、ウェルナーは「行動的文脈」から「認識的文脈」へといった言葉で表している。

概念が具体的・身体経験的であるとは、二つの側面をもつ。一つは、概念設定（カテゴリー化）がモノの側の客観的特徴（形態など）ではなく、自分自身の行動や経験の「型」に基づくということ。もう一つは、具体的・経験的な状況を離れては（つまり抽象的普遍的には）概念を意識できないということである。この二つについてウェルナーとカプランが紹介した観察記録から例を引こう。

ある女児は「ピン」というラベルで《針》や《パン屑》、はては《ハエ》や《毛虫》までを表した。一見この子の〈ピン〉の概念は支離滅裂に見える。ところが仔細にみると、床から指でつまみあげるものを全て「ピン」と呼んでいることがわかった。つまりこの子にとって概念設定の基準となっているのは、〈何か小さいものを指で慎重につまみあげる〉という行動の型なのである。この行動という文脈の中の焦点となる事物を「ピン」と呼びながらも、この女児の〈ピン〉の概念は当の事物だけではなく、その文脈をも含んでいる。ウェルナーらの言うように「幼児においては、事物と、その事物に対する活動がなされる文脈とが融合しており(1)」、事物（焦点）を含む活動（文脈）の全体が一つの概念単位を形成しているのである。このことをよく表すのは、幼児が同じ語を事物にも活動にも宛てることである。たとえばある男児は「ポン」という擬音語で〈瓶の栓を開ける行為〉を表すことを覚えると、やがてこの「ポン」を《瓶》それ自体、さらには《鋏》や《ペンチ》を指すのにも使うようになった。この子にとって「ポン」は初め一つのコトの型を表すラベルであったが、次にそのコトの焦点となるモノに適用され、さらに似たコト（この場合似たような手の振舞）に、そして似たコトの焦点となるモノに適用されたわけである。またある男児は、大人が本や新聞をめくる音をまねて「バサバサ」と言い、その後何かを読んでいる行為を示すにも、読まれる事物（新聞・本・手紙）を示すのにも「バサバサ」と言うようになった。またある女児は、「プー」というマッチを吹き消す音で《マッチ》そのものを、さらにマッチで火をつける《煙草》や《パイプ》をも指すようになった(2)。この女児にとっては、マッチで何かに火をつけ（それも多分口にくわえたものに）、その火を「プー」と吹き消すという一連の振舞が一つのコトの「型」を成しており、このコトの焦点となるモノを全て「プー」の語で表したわけである（一つのコトの中の一要素を表す語を別の要素に転用するこのような語法が換喩の原型である）。

補記――本書では比喩のうちもっぱら隠喩が扱われ、換喩に触れることが少ない。そこで、隠喩と換喩の関係についてここで私の立場を簡単に提示しておきたい。一般に転義的比喩《トロープ》は隠喩・直喩・換喩・提喩の四つに分けられ、隠喩と直喩は類似、換喩は隣接、提喩は部分と全体の関係を原理とすると言われる。そしてしばしば直喩は隠喩に、提喩は換喩の一部に含められ、結局比喩は隠喩と換喩の二つに大別されてしまう。しかしここにはいささか問題があり、混乱が生じる種となっている。というのは、既にグループμが『一般修辞学』で指摘した通り、提喩の原理である部分と全体の関係には二つの種類があるからだ。一つは概念的なクラスの入れ子構造（本書でいうカテゴリーとメンバーの関係）であり、もう一つは物質的実体の全体と部分（たとえば「船」とその要素である「舵」や「帆」）である(3)。グループμはここから、それぞれのタイプの二個の提喩の複合として隠喩と換喩を操作

的に定義してゆく。本書では隠喩と換喩を提喩の複合とする立場はとらないが、二種類の提喩を区別することは必要であると思う。そこで次のように考えたい。あるカテゴリーの典型的メンバーAを指す語（代表詞）で別のメンバーBを表すのが隠喩であり、その代表詞Aでカテゴリー全体を指すのが隠喩的提喩である（たとえば「ゼロックス」でコピー機器一般を指す）。一方、一つのコトの中の焦点的要素Aで別の要素Bを指すのが換喩であり、その焦点Aでコトの全体を表すものが換喩的提喩である（たとえば「ペンは剣より強し」の「ペン」や「剣」）。なお全体を指す語で部分を指す（桜を指して「花」と言い、帆を見て「船が来た」と言うたぐい）のは、論理的に誤りではないから、一部の論者のように転義に含めるには及ぶまい。さて、提喩には隠喩的なものと換喩的なものがあるとすれば、すべての提喩を換喩に含める慣行は原理的に無理があることになろう。ここから時に混乱が生じる。たとえばG・レイコフの『女と火と危険物』で認知モデルの一つとして換喩モデルが説かれるとき(4)、最初に換喩の例としてあげられるのは換喩的提喩（「クレムリン」など）なのだが、実際に分析の対象となるのはすべて隠喩的提喩である。つまり実質的にはこれは隠喩論であり、前著『レトリックと人生』の延長なのである。

幼児において、まず切り取られる経験の「型」とは、人のある振舞い方であり、それは活動という文脈と事物という焦点とが不可分に融合している。言葉はモノよりもこの「型」を指す。「初期の指示的語音は、活動主体、活動、活動対象が融合した状況全体を指したもの(5)」なのである。幼児の初めの概念は、事物自身の客観的特徴（〈細長く先の尖った金属〉が〈ピン〉だ等）ではなく、主客未分の活動の「型」としてあると考えられる。

さらにこの概念は、操作可能な抽象的・一般的な観念としてあるわけではない。これについてルリアの双子の実験におもしろい報告がある。もともとはヴィゴツキーの考案した実験らしいが、子供にごっこ遊びをさせ、ある物を想像の中で別の物として扱うことができるかどうかを見るのである。想像の中で物を操作できるとは、既に概念が操作可能なものになっていることを意味するだろう。さて実験者がスプーンを持って何かを切る恰好をして「これは何か」ときくと二人は「斧」と答えた。ナイフで床を磨く恰好をしてみせると「ブラシ」と答えた。ここまでなら、《ナイフ》を〈ブラシ〉として見るという操作が意識内で行われているように見える。ところが実験者がナイフを示して「これはブラシということにします」とただ言葉でいっただけでは、ナイフをブラシとして見ることができなかったのである(6)。これは何を意味しているのか。この子供たちは《床を磨く》という具体的な活動を与えられれば、それに「ブラシ」というラベルを結びつけることはできる。これは「ブラシ」が何かを理解していることを示している。しかし「ブラシ」というラベルに〈ブラシなるもの〉という一般的観念を結びつけることはできないのである。というより、おそらくまだ〈ブラシなるもの〉という観念がないのである(ウェルナーはこれをブラシの「内的図式」がまだ出来上がっていないという言葉で説明する)。この子供たちは「ブラシ」の意味を身体で知っているだけであって、まだ頭で知っているわけではないのである。

こう言ってもいい。彼らは〈ブラシらしさ〉の概念を暗黙知としてもっている。だがそれは、ブラシ活動の身体的「型」であって、ブラシというモノの表象ではない。そこでその「らしさ」の具現例(床磨き、あるいはそれらしい振舞)を見て「ブラシ!」と言うこともできるし、みずからそれを具現してみせる(《ブラシ》を使う、あるいは使う真似をする)こともできる。けれども反省的意識の対象として〈ブラシ〉というモノを考えることはできないのだ、と。人は「ブラシ」が何かを理解するにはその事物の表象を持つ必要はなく、それを焦点とする活動の文脈を、身体経験の「型」として覚えていればよいのである。この知識は表象的（対象的）知識ではなく、「～できる」という実践能力としての知識である。

補記——「自転車に乗れる」というケースは「～できる」という身体の知が主客未分であることを示す好例である。この知は身体という主体が自転車という客体をどう扱うかという知識ではない。むしろ自転車と身体が一体化し、ちょうど手が末端ではあるが身体の一部であるように、自転車が自分の身体の延長となり、自分の身体の一部であるかのように感じられなければ、うまく自転車を乗りこなすことはできない。逆に、初心者のうちは、自転車が操作の対象として意識されているものである。「自転車に乗れる」ようになるための練習とは、客体として操作されていた自転車が次第に自己の身体の一部と化して、歩いているときと同じように、ただ道や障害物を意識するだけで思うようにひとりでに動いているという段階にまで至ることである。このとき身体と自転車とは、反省的意識にとっては共に客体であり、行動の状況においては共に道路などの客体に対する主体である。同じことが、よく引かれる例だが、盲人と杖の関係にも言える。杖は盲人にとって客体ではない。身体の延長であり、一部である。あたかも杖の先に触覚があるかのように感じられなければ、杖を使いこなすことはできない。私たちの手が壁や床を触れるように、盲人は杖で壁や床を感知する。この杖を客体というなら、私たちの手や指も客体である。私たちの身体が主体の一部なら、杖も主体である。かくして、「～できる」という知においては、知は身体的活動のパターンの知なのだが、この活動の焦点である道具的事物は、身体の客体ではない。身体と事物とは主客未分のままで一つの経験の「型」を構成するのである。一般に私たちが何か道具を使いこなせるようになるとは、鋸であれ鋏であれ、それが操作対象から身体の一部に変容し、もはやそれを客体として意識する必要がなくなることである。意識すべきものは、それら道具が働きかける客体、切るべき木や裁つべき布だけとなる。（道具存在が身体の一部となる現象については市川浩氏の『精神としての身体(7)』や湯浅慎一氏の『知覚と身体の現象学(8)』に優れた分析がみられる。）

なお「〜できる」という知は必ずしも道具を必要としない。たとえばメロディの記憶。私たちがあるメロディを覚えているかどうかは、実際に（口であれ、頭の中であれ）歌ってみないとわからない。「知っているさ」と安請け合いして、いざとなると「あれ？」と立往生してしまうのはよくあることだ。たしかにメロディはゲシュタルトの知には違いないが、視覚的ゲシュタルトとは異なり、全体像の表象としてあるのではなく、継起的運動のパターンとして身体的に記憶されているのである。だから身体が忘れていても、頭の方は忘れていることに気がつかないのだ（継起的運動のパターンだというのは、たとえばメロディを途中から歌えと言われても難しいという現象に現れる。全体像の表象が同時的に与えられていれば、任意の部分に注目して取り出すことができる。似たようなことは暗唱にもある。歴代天皇の名をやすやすと諳んじる人も、途中からはできないという。この知識は対象化された形であるのではなく、身体的運動能力としてあるのだ）。このような運動のゲシュタルトとしてある知は、ゲシュタルトそのものが知られるのであって、他との差異が知られるわけではない。音階の中の各音は他の音との差異によって定義されるけれども、メロディの記憶は他のメロディとの差異を知ることではない。むしろその運動の心身経験を理解することが、そのメロディを知るということなのである。もちろん自転車の乗り方の知は歩き方との差異の認識などによるわけではない。差異など考えている内は自転車には乗れない。経験の「型」の知は他の「型」との差異や関係を知ることによってではなく、ただその「型」の同一性を知ることである。同一性といっても、必要十分条件云々といったロゴス的厳密さによる同一性ではない。あるものを典型事例（プロトタイプ）のようなものとして認定できればよいのだから。所詮同一性の認知は常に〈のようなもの〉の認知にすぎない。だから音痴の再現する歌は、当人はかなり正確なつもりでも他人の耳には似ても似つかぬものになるのだろう。

しかしブラシのロゴス的表象はなくともイメージとしての表象はあるのではないかと問うこともできよう。実はこれも必ずしも必要ではない。これについては有名なラヌーティの症例が参考になろう。彼は自動車事故のために失語・失認の症状を起こす。もっとも語彙・文法の知識は障害前とさほど変わらない。具体的な場面ではほぼ適切に言葉を使うことができる。ところが活動の文脈から切り離されると、とたんにわからなくなるのである。たとえばボールを与えてこれは何かとたずねると、握ったり噛んだりしたあげく床に投げつけ、跳ねるのを見て「ボールだ！」と叫ぶ。卵を与えると、やはりいじりまわしたあげく投げるしぐさをして「ボール」と答える。当然ながら写真中の事物の認識は困難になる。写真の向きを変えたり、事物の輪郭をなぞったりして、どういう活動が可能かを想像するのだが、ミルクカップを「鞄」と言ったりする。そして写真のカップの把手をつかんで持ち上げるしぐさをする(9)。彼には〈ボール〉や〈鞄〉のイメージ表象がなく、事物を実際に使い(あるいは使うしぐさをして)その身体経験の「型」を認知するまではそれが何かわからないのである。しかし私たちは彼にボールや鞄の概念がないとは言えないだろう。ただその概念は表象を欠き、言語的ラベルと身体経験の「型」からのみ成っているのである。

ここでさらに、言語的ラベルさえ必要ないのではないかと問うことができる。ネルソンは生後十二ヶ月から二十四ヶ月の幼児を対象に実験を行い、彼らが命名することなく事物をカテゴリー化することができるし、また実際していることを示した。同時に、そのカテゴリー化の基準が事物の知覚的特徴よりもその「機能」にあることを示した(10)。彼女の言う「機能」とは事物が幼児にどのように扱われるかということであり(たとえばボール遊びをする)、実質的にウェルナーのいう「活動の文脈」と同じといってよい。要するに、概念は、表象も言語的ラベルもなくとも、ただ身体経験の「型」だけで成立するのである。

このような、精神によってというより身体によって世界を分節し、そこから切り出されてくる経験の「型」が概念となるという考えは、通常の概念観、即ち言語の学習に伴なう世界の差異化によって概念体系が対象的に構築されるという考えとはかなり隔たっているかもしれない。しかし概念をもたぬ動物が外界に対して適切に行動しているのは、いわば彼らが身体によって外界を認知しているからである。系統発生的に考えるならば、身体による認知が頭による認知に先立つのである。とすれば、個体発生的にも同様のことが起こっていると考えられるだろう。

補記――アンリ・ワロンがこのような行動のための場の体制化は認識に先立つことを論じて(11)メルロ・ポンティの身体論に影響を与えたのは周知のことである。動物が事物の概念をもっているといってよければ、それはこのような「～できる」という実践能力である。外界と主体との相互作用に概念の生成をみる立場は今では珍しくない。チャン・デュク・タオは系統発生の観点から概念の形成過程を構造的に論じ(12)、ギブソンは認知科学の方法で外界と主体の実践的相関がいかなる「外界の事物についての理解」をもたらすかを「アフォーダンス」の理論にまとめている。市川浩氏の「身分け」論もほぼ同様の事態を扱っている。「身分け」とは、世界のロゴス的分節、即ち丸山圭三郎氏のいう「言分け」に先立つ「身」による世界の分節のことだが、重要なことは、このとき「身」もまた分節され

るという市川氏の指摘である(13)。即ち外側に〈ブラシ〉を認識できるということは、内側にそれに対応する身体の図式が形成されているということである。

おそらく個人の身につける概念は、身体による外界の分節を内面化したものがその出発点となるだろう。このことを明快に説くのがウェルナーである（彼は不運の心理学者である。彼の説が発表された当時アメリカでは行動主義が全盛であったため、正当な評価を得られなかった）。彼は子供の対象的概念の形成について次のように言う。

「子供は最初、感覚―運動的な反応や感情的な反応のパターンによって周囲の行動物を分節しているが、そののち成長するにともなって、子供はこの同じパターンを用いて今度は対象を知るようになる。（中略）言いかえれば、これらのパターンは、子供が対象を知り、対象について考え、対象を自己自身に現前させるための手段となるのである。(14)」

私たちの言葉では、こう言い換えてもよいだろう。即ち、子供は自分の身体経験の中の有意義なパターンを記憶することによって、生活を既知の「型」の反復として捉えてゆくのだが、やがてその経験の焦点である事物を「対象」として主題的に意識するようになる。このときその事物は概念化されたといってよいのだが、その概念の意味とは〈この事物を焦点とする身体経験の型〉にほかならない。この「型」を形成する活動をウェルナーは「力動的図式形成活動 dynamic schematization」と呼んだ。「外へ向かうリアクションから内へ向かう反省へという、対象への対応形式のこの移行は『感覚運動パターンの内面化』と関わっている。言い換えれば、対象が形や構造や意味を得るのは内なる力動的図式形成活動によるわけだが、この活動は有機体の状態の要素である感覚、姿勢、感情、心象等を造形し織り合わせる活動なのである。(15)」

3　理解と名指し

こうして、事物の概念形成の基盤としての事物の理解という現象が何を意味するかも明らかになったように思われる。少なくとも原初的概念においては、ある活動の身体経験の「型」(ここで身体とは単に肉体だけでなく、いわゆる感情などをも含むことを確認しておこう)を、焦点となる対象的事物に属するものとして捉えることである。たとえば《椅子》を見て、あるいは「椅子」という言葉を聞いて、それを理解するとは、潜在的にではあれ〈椅子に腰かける〉という「型」を身体内部に用意することである。

では個人を離れて制度として存在する、言葉のロゴス的意味はこの身体的理解とどのように関わるのか。実は、それらは恣意的に作られた合理的体系というより、その背後に「理解された概念」が控えていることが多いように思われる。言葉のロゴス的意味の出自は次の三つである。

第一にもともと命題によってロゴス的に定義された意味がある。これは既知の概念を組み合わせることによって新しい概念を操作的に決定するものである。たとえば「虚数」など。一般に学者の専門用語は定義のみで成立していることが多い(しかし「数」そのものについての理解は定義によっているわけではない。実は、「一つ、二つ、……」と数えるという活動の経験から私たちは「数」を理解しているのである。試みに考えてみてほしい。あなたは「数える」という行為を抜きに「数」を定義できるだろうか)。また相互関係によって定義される概念、たとえば「親—子」「男—女」などもロゴス的である(しかし〈父らしさ〉〈男らしさ〉の理解は関係によるわけではない)。

第二に知覚的イメージがある。これにも個物の具体的な映像表象から、ほとんど暗黙知に近い「らしさ」まで幅がある。一般名(普通名詞つまり普遍概念)の指すイメージはおおむね具体性を欠く「らしさ」の型である。なおこれと類比的に、コトについての「らしさ」のイメージとして「事柄」を考えることができる。たとえば「仇討」や「議論」について私たちはある種のイメージをもっており、個々の事例の「らしさ」を判定できる(コトの構造の知識を要素の足し算として捉える「スクリプト」という手法もあるが、これでは「議論」の「らしさ」が「戦争」への「なぞらえ」によって理解されているといった「事柄」の成り立ちの基本が視野に入らない)。ところでイメージはある程度ロゴス的言語に翻訳することが可能である。「鳥」であれば「嘴がある」「翼が生えている」「羽毛に覆われている」といったふうに。もっとも翻訳の常として完全な翻訳というものはない。原語と訳語の言語体系の性質が違う場合、原文の特性は翻訳言語の枠組みに合わせてねじまげられてしまう。人の寸法に合わせて寝台を作るのではなく、寝台の寸法に合わせて人の手足を切り揃えたというプロクルテスの寝台のように。イメージの言語化も例にもれない。全体的なイメージが要素の集合に置き替えられるとき、取り出される要素は、対象化しやすい特性ばかりになる。しかしこれによって、ともかくも言葉によるカテゴリーの属性記述が可能になる。その中で他のカテゴリーとの差異を際立たせるものがそのカテゴリーの定義的特徴といわれる。

第三に身体的経験の「型」がある。これはその事物を焦点とする主客未分の活動の型であるけれども、この活動を特に目的の観点から規定し、この目的を実現するための道具として事物を位置づけるなら、物の道具的「機能」をロゴス的に取り出すことができる。

こうして命題操作、相互関係、知覚的特徴、機能などを根拠として概念のロゴス的定義が行われる。しかし知覚的特徴や機能は純粋にロゴス的なものではなく、実はその背後に非ロゴス的な全体的イメージや身体的経験があり、これをロゴス的概念に翻訳することによって命題の操作に組み込んでいるにすぎない。従ってこれらの概念は、ロゴス的定義を受けながらも、その下層に「らしさ」の理解をともなっているのである。逆に言えば、ロゴス的定義は事物から主体の経験や理解を捨象し、客体的側面だけを抽象したものである。だがこれによって、言葉を抽象的に操作できるようになる。つまり〈～なるもの〉についてロゴス的命題を組み立てられるわけである。

この〈～なるもの〉という一般的観念の発生はおそらく次のような経過をたどる。まずある活動の様態が身体経験の「型」として身体によって（暗黙知として）切り取られる。次にこの活動の焦点となる事物が対象化され、イメージとして把握される。このときすでに対象的観念は成立しているわけだが、さらにイメージの中の特徴や事物の機能が属性として抽出され、類似する概念との比較からその差異が規定されることによって、ロゴス的な〈～なるもの〉という観念が完成するのである。

私たちはその気になれば、コンピューターのように諸観念を抽象的に操作することができるけれども（たとえば演繹的推論）、たいていは概念を理解しながら言葉を使いたいと思う。そして概念が理解されているとき、ロゴス的意味はその表層を成しているにすぎないのである。

　ここで注意すべきは、理解を伴わずとも事物を認知することはできるということである。たとえば腰かける習慣をもたない文化に育った人にも、実際に椅子をみせて「こういうものを椅子と呼ぶ」と教えることはできる。彼はその後椅子を見るたびに「これは椅子だ」と正しく名指すことができるかもしれない。それをみると私たちは「彼は椅子の概念を知っている」と言いたくなる。しかし彼が手渡された椅子を頭に載せたりしているのをみれば、「やはり彼には椅子が何かわかっていない」と言うだろう。名指すことは形態的特徴の認知だけでできる。しかし理解とはその意味を知っていることである。椅子をみると、それが私の身体に腰かけるよう呼びかけているのを感じることである（ギブソンの言う「アフォーダンス」の知覚(16)）。物を名指すことができるということと、物を理解しているということとは別のことなのである。

　これまでの認知心理学では、物を名指すことさえできれば概念達成がなされているとみなされてきた。名指すことができるとは、何らかの基準によってカテゴリー分類が達成されていることの証拠であるから。そしてその基準、たとえば知覚的特徴がそのカテゴリーの概念と等値されてきたのである。しかし、レモンをその形から正しく「レモン」と呼べる子供でも、レモンが食べ物であることを知らないうちは、〈レモン〉が何かを理解しているとは言えないだろう。逆に、名指しが不完全であることは、必ずしも概念がないことを意味しないだろう。

一　補記――ネルソンに対するバワーマンの反論(17)にはこの混乱がある。ネルソンは、幼児には前言語的概念というものがあり、それは機能の理解に基づいて形成されると言っているのだが、バワーマンの批判は、うちの子は知覚的特徴に基づいて物の名指しを行ったというものである。しかし彼女の子供の用語法をみると、明らかに物の理解がともなっていない。たとえば月もレモンも皿洗い機の円いダイヤルも「月」と呼ぶのは、円いものを「月」と名指しているだけで、〈月〉の理解があるわけではない。この種の名指しは、物の一特徴の認知で足りるが、ある物に円さを見てとることと、その物が何かを理解することとは全く別のことである（多分この子供でさえ、月と皿洗い機とが同じものだとは考えていないだろう。子供には物の名前を知りたがり、物を名指して喜ぶ時期があるが、このとき同じ名前で呼ばれるものが、子供自身にとって同じ物として理解されているとは限らないのである）。もっともバワーマンの指摘は全く無意味ではない。実際の成長過程においては、既存の言語システムの習得がその意味の身体的理解に先立つケースの方が多いかもしれないということを示唆しているからである。子供は名指しへの欲求（これは認識への欲求と同じかどうかわからない）から、理解なしに物の名前を覚えてゆくだろう。丸山圭三郎氏が現状における「言分け」の「身分け」に対する優位を指摘するのは根拠のないことではない。しかしその「言分け」によって得られた概念さえも、それが理解されるためには、「身分け」による理解に支えられねばならないのである。

たとえば《うちのポチ》だけでなく、動物園のコアラやパンダまで「ワンワン」と呼ぶ子供は〈犬〉の概念がないのだろうか。たしかに〈コアラ〉や〈パンダ〉の概念はないかもしれないが、ほぼ大人のもつ〈犬〉の概念に近いものを、大人よりは広くて曖昧かもしれないが、持っているのだと言えないだろうか。物の概念とは、何よりもまず物の理解のことだと考えるなら、むしろこの子は不完全ながらも〈犬〉の何たるかを理解しており、この意味で〈犬〉の概念をもっているかもしれない。とすれば、パンダを「ワンワン」と呼ぶのは、概念の混乱によるものではなく、同じ〈ワンワンらしさ〉をもつ別事例へのラベルの隠喩的転用にほかならない。言い換えれば、典型事例を指す代表詞の非典型事例への適用が大人よりも幅が広いというにすぎない。

ここで言う理解とは、言うまでもなく「らしさ」の理解である。子供が「ワンワン」と叫ぶとき、〈犬なるもの〉の抽象的定義を思い浮かべているわけではない。これまで《ワンワン》の諸事例に経験してきた、吠えられたり、抱き合ったり、一緒に走ったりといった付き合いのパターン、さらにその付き合いがもたらした、逃げ出したい恐怖、撫でさすりたい可愛さ、その力強さや素早さへの共鳴の記憶が、子供の身体の中に一種の準備体勢として浮上し、意識の水面の直下に待機しているのである。この心身態勢こそが〈ワンワンらしさ〉の感覚であり、その喚起が「らしさ」の理解なのである。とすれば、「らしさ」の理解とは、ある心身態勢の「型」を反復する、つまり「なぞる」ことにほかならない。またこのとき「ワンワン」と叫ぶことは、「なぞり」による一連の心身態勢の組織活動（力動的図式形成活動）の一部であり、そこで形成された心身態勢という氷山の、水面上に出た一角にすぎない。このような心身活動に支えられた「ワンワン」という名指し行為は、単に〈犬〉の特徴を認知し、それに慣用のラベルを貼ったというようなものではない。むしろその子供の身体を場として行われている意味生成行為の一部を成しているのである（時枝誠記らの言語過程説を思い出していただきたい）。この意味生成行為は、《私》の心身をある「型」に鋳込むのであり、私はこの「型」を生きるのである。だから言ってみれば、私が意味を捉えているのではなく、意味が私を捉えているのである。

認知と理解が別のものであることから、人は時に、認知の力はそのままに理解の力だけを失うことがある。木村敏氏が離人症の典型例とした患者は次のように告白する。

4 意味の受肉

高い木を見てもちっとも高いと思わない。鉄のものを見ても重そうな感じがしないし、紙きれをみても軽そうだと思わない。とにかく、何を見ても、それがちゃんとそこにあるということがわからない。色や形が目に入ってくるだけで、ある、という感じがちっともしない(18)。

この女性は《鉄》や《紙》を見て、その色や形から(つまり形態的特徴から)、それが〈鉄〉であり〈紙〉であることを認知できる。しかも〈鉄〉とは〈重い〉ものであり、〈紙〉とは〈軽い〉ものであることを彼女の頭は忘れていない。彼女は目の前の物を見て「これは紙である。ゆえにこれは軽い」といった判断をすることなら、普通の人と変わりなくできるわけである。つまり彼女の困惑は、外界の認知や判断に不自由しているからではない。ただ、その〈軽さ〉が実感できないこと、それゆえ〈紙〉が現実に存在しているという感じがしないことに悩んでいるのである(コンピューターに物の認知を教えこもうとしている科学者にはこの困惑は理解できないかもしれないが)。彼女のロゴス的回路は完全に作動している。物を名指すことができ、それを既存の知識に結びつけることができ、正しい命題を作ることができる。しかし彼女の身体はその物の

「らしさ」を理解できない。そして自らの身体によって世界を理解するのをやめた時、世界と自分と双方の現実感を失うのである。彼女は「自分というものがなくなってしまった」「感情というものがいっさいなくなってしまった」「私のからだも、まるで自分のものでないみたい」と訴える(19)。経験する身体を失った彼女は高性能なニューロ・コンピューターにすぎない。

「らしさ」の理解を失うとき、最も困るのは「らしさ」を理解しなければ話にならないもの、たとえば芸術の経験である。右の患者はまたこうも語る。

以前は音楽を聞いたり絵を見たりするのが大好きだったのに、いまはそういうものが美しいということがまるでわからない。音楽を聞いても、いろいろの音が耳の中へ入りこんでくるだけだし、絵を見ていても、いろいろの色や形が眼の中へ入りこんでくるだけ。何の内容もないし、何の意味も感じない(20)。

音楽も絵も「らしさ」としての意味を作ることができず、理解できない音や色はただ断片として知覚されるほかはない。音楽が音楽として、絵が絵として経験されるためには、私たちの身体によって意味を受肉させられねばならないのである。

私たちが鉄や紙を見るとき、私たちはそれを〈鉄〉とか〈紙〉と認知するのみでなく、その〈鉄らしさ〉〈紙らしさ〉を身体で実感しており、この「らしさ」の理解が目の前の物に現実感を与えている。このとき私たちがその物を指して「鉄だ」とか「紙だ」と言うなら、その言葉は単なる記号ではなく、私たちの身体からその意味を受肉しているのである。いや、目の前に《鉄》がないとしても、《鉄》について言及しているときなら、「鉄」という言葉はふつう意味を受肉している。私たちの身体はその〈鉄らしさ〉を経験する準備態勢を整え、その「らしさ」の意味を理解しているのである。しかし《鉄》について言及していないとき、たとえば「『鉄』は日本語である」といったメタ言語の中では、必ずしも意味の受肉は必要ではない。さきの女性患者は、いわばメタ言語の世界を生きているのである。そこではすべての概念はロゴスの論理に従って駆け巡るが、けっして生身の身体に共鳴することはなく、それゆえ現実の世界に触れることがないのである。

これに似た経験を私たちは簡単に実験してみることができる。たとえば「魚」という文字を何分間も凝視する。何百回か書き続けてもよい。すると突然意味がわからなくなるときがくる。いや、これが「魚」であることは頭では知っている。「自分はさっきから『魚』という文字を見続けている」という反省的意識はあるのだから。しかしその文字に〈魚〉という意味が実感できないのである。文字は、文字というよりいくつかの線の集まりに見えはじめる。書いているときなら、自分は間違った字を書いているのではないかと不安になり、最初の字と見比べたりする。同様のことは耳で聞いても起こる。「魚」という言葉を繰り返し聞いていると、やがて意味が理解できなくなり、「さ」「か」「な」という三つの音の連なりになってしまう。これが「意味消失」とか「意味飽和」と呼ばれる、心理学ではよく知られた現象である。

ここで消失する「意味」が身体と無関係ではないことはミラーの実験によって確かめられてい

る。ミラーは被験者に「押すpush」とか「引くpull」などの言葉を意味消失が起こるまで繰り返し発声させた。そのさいミラーはいくつかの付随条件を設けた。あるケースでは「押す」と言いながら実際に何かを押させた。あるケースでは逆に引かせた。また無関係な動作（上に上げる）を求めることも、何もさせないこともあった。こうして、どのような条件なら意味消失が起こりやすいかを調べたのである。一番早く意味消失が生じたのは、何の動作も伴わない場合であった。一番遅かったのは、言葉と動作が一致している場合であった(21)。身体が言葉の意味を確認しているとき、最も意味消失は起こりにくいのである。

意味の受肉は単一の事物、単一の語だけの問題ではない。むしろ知覚する世界、読みとろうとする文章の全体が私たちに理解できるための条件なのである。論理学書の多くが豊富な事例をつけていること、物理の教科書がしばしば電気現象を「水」の隠喩によって説明していることを思いおこそう。私たちは抽象的な数式だけでもその論理を追うことはできる。しかしそれが何を言っているのかを実感するためには、具体的な事例によって肉化されなければ難しいのである。たとえばブラックは自分の隠喩説の定式（第一主題と副主題がどうのこうの）を説明するために事例と隠喩の両方を用いたが、これによって彼の考えていた図式が読者に理解できるものとなり、身体でわかることができるようになった。私たちは受肉した言葉を読んではじめて「わかった」気になることができる。いや、実際にわかることができるのである。

――補記――いわゆるウェイソン課題に関する一連の実験は抽象的に思考するだけでは把握しにくい論理構造が、具体的状況下では容易に理解されることを示している。ウェイソン課題とは、『表が母音字なら裏は偶数だ』というのが正しいかどうか調べたい。次のカードのうちどれを裏返してみる必要があるか」と問い、「E」「K」「4」「7」と書かれた四枚のカードを提示するものである。一種の論理思考能力を試す問題なのだが、案外難しく、大学生でさえ正答率は十パーセントに満たない。ところが同じ論理構造を「『手紙に封がしてあれば五dの切手が必要だ』という規則に合致しているかどうか調べたい。どの封筒を裏返してみる必要があるか」と言い換え、四枚の封筒（五dの切手が貼ってあるもの、四dの切手が貼ってあるもの、裏面なので切手は見えないが封をしてないもの、同じく封をしてあるもの）を提示すると容易に答えられるのである。さらに佐伯胖氏は、この課題を「『遠足の日には女の子は必ず赤い帽子をかぶって来てください。』だれがまちがえてくるかな」と言い換え、「赤い帽子」「男の子」「女の子」「青い帽子」の絵を示すと、小学校一年生でさえ正しく答えられることを確かめた(22)。

茂呂雄二氏が紹介した、「読み」の実験の被験者となったある少女のエピソードはこのことをよく示しているだろう。

五年生の女の子ディアナにあたえられた課題は、三つのパラグラフからなる文章を読んで、十個の設問に答えることだった。子供たちは先生か大学院生の援助を受けることができたが、ディアナはミズGと一緒に課題を解いた。ディアナにあたえられた文章は、近くのコミュニティに住む十歳の少年ストッカムについての実話だった。この少年はテレビでやっていたことを友達に見せようとして、自分で首をつってしまい、昏睡状態に陥っているという。

読み終わった直後、ディアナは特別感想もない様子で問題に答えていった。第一の設問は

「ストッカムに何が起こったか」であったが、ディアナは「まちがって首をつった」と正しく答えた。ディアナは第三問目に、ミズGに助けを求めた。それは事件を目撃した子供エリックに関する設問だった。第三問は「エリックというのは誰か？」であった。ディアナは「同じ名前が三回も出てくるのはきたない（unfair）といっていた。ミズGには何のことか分からなかった（われわれにも分からない）。

その後、問題を一緒に解いていったが、突然ディアナは興奮してこう叫んだ。「首をつっちゃったの？[23]」と。

茂呂氏は次のように説明する。ディアナは二種類の読み方をしている。第一のものは設問に答えるための読みであり、第二は彼女を興奮させ、叫ばせた読みである。ディアナは設問に答えるために「コピーマッチ（copy matching）」という方法を使っている。これは設問中の人名と同じ名前の出てくる箇所を本文中に探し、多少の細工をして（人名を代名詞にする、時制を変える）引用するというものである。だから同じ名前が本文に三回も出てくると、どこを取っていいのかわからず、「きたない」と言われたのである。茂呂氏は「第一の読みが答えの完成にあるとすると、第二の読みは何かを新たに始めることであるかのようだ」と述べ、そこに表れてくる意味を「一方は、そこにすでにある意味であり、もう一方は、その時に、作り始めようとする意味である」としている。私たちの言葉で言うなら、前者は「制度としての意味」であり、後者は「そのつどの言語過程において与えられる意味」である。

補記——後の章で茂呂氏は、この二つの意味を「脱文脈的な面」と「文脈化された面」として区別し、ワーチの論を参考に「ミーニング」と「センス」と呼ぶ。そして「文脈化されたセンスとは、単に語を概念的・辞書的な有意味性の網の目の中に置くだけではなく、全身的な身振りとそれにともなう感覚印象によって作られる」とする(24)。

ディアナの「コピーマッチ」とは、まさにメタ言語的操作である。この操作は言語体系という制度を知っていればできる。「ストッカムに何が起こったか」という設問に「まちがって首をつった」と答えたとき、ディアナは「ストッカム」が人名であることも、「首をつる」とはいかなる事態であるかも、知っていたのである。だが、ただ知っていただけである。やがて、突然意味が受肉する。ディアナはそこに書かれている事柄を理解する。全身が興奮し、叫ぶ。「首をつっちゃったの?」。

ディアナの逸話はメタ言語的操作から意味の受肉への移行が劇的に観察されたケースである。木村氏の離人症患者はメタ言語的操作はできるが意味の受肉のないケースである。これと逆に、意味の受肉はあるがメタ言語的操作の不自由な人のケースもある。竹内敏晴氏は、事故のため幼児期に言語障害を経験した大学生の例を報告している。彼の言語能力は一応回復したとみなされていた。しかし彼は、新学期になっても、大学の事務局に聴講届を出すことができない。書き方がわからないというのである。友人が丁寧に説明するとその場は「わかった」と言う。ところが次の日になるとやっぱりわからないと言いだすのである。友人は苛立ち、「頭が悪いんじゃないか」と思う。これを聞いた竹内氏は、「私は話を聞いただけで、たいへんによくわかった」と言う。

実は、竹内氏自身、やはり少年時に言葉の障害を経験している。

現在でも、私は、届出の書類とか公的な書類を読むのが、ひじょうに苦しい。そういう書類を読むときは、自分を集中させて自分の中のチャンネルをガチャンと切りかえるみたいにしてみないと読めない。というのは、そういった類の文章は向こうからこっちへ入ってこない。こっちから向こうへ出ていってその道筋を地図を読むように、ひとつひとつたどってゆかないと読めない。そういう作業は、ことばの障害をいちどもってしまったものには、大変な作業なんです。ことばが話せるようになるとか、字が読めるようになるとかいうのは、向う側のことばがやっと自分のからだに入ってくるようになったということです。ところが、向こうから入ってくるのではなくて、こちらから出ていって、路傍の石っころのように並んだことばを判読してゆくには、たいへんなエネルギーを要する(25)。

聴講カードを書くという作業は、言葉で何かを表現する行為ではない。一定のルールに従って、講義リストの中の言語記号（講義題目とか、担当教員名とか）を写しとり、決められた欄の中へはめこんでゆく作業である。これはまさにコピーマッチであり、メタ言語的操作である。これらの言葉は「からだに入って」こない、「路傍の石っころ」のような記号にすぎない。意味を受肉しない言葉に対しては、「チャンネルをガチャンと切りかえ」て、理解ではなく操作の態勢に入らねばならないのである。通常私たちは、言葉に対して、その受肉した意味を理解することと、それを制度的記号として操作することを並行して行える。けれども離人症患者は操作はできても理解ができず、逆にある種の人々は理解はできても操作ができない（というより、操作を要求する書類に対しては操作も理解もできない）のである。後者は必ずしも障害者に限らず、言葉をロゴス的に使うことを覚える以前の子供はみなそうであろう。

これは話し言葉だけのことではなく、書き言葉にもあてはまるように思われる。大人の「書く」行為の「前史」として幼児期には独特の「書く」行為がある。茂呂氏によれば、そこでは「書く」ことと「描く」こととが区別されない。そればかりか、子供たちはしばしば書きつつ身振りや語りを交えるという。いわば子供たちは全身の活動によって何ごとかを表現していくのであり、そのパフォーマンスの痕跡が「書かれた」シンボル（文字や図形）であるにすぎない。このシンボルを「意味を表現している記号」とみなしてもよいが、その場合、表現されている意味とは決して制度的意味ではなく、子供がその時その場の全身の活動によって受肉させた意味であると言わねばならない。だからもしそのシンボルを理解できる人がいるとすれば、それは子供が紙の上にシンボルを作りだすパフォーマンスの現場を目撃した人だけであろう。茂呂氏の引いた事例をいくつか再引用してみよう。

ヴィゴツキーの紹介する第一の事例はシュテルンの観察事例である。それはなぐりがきの段階を過ぎた四歳児の事例だが、「カーテンをしめるとどのように暗くなるかを絵の中で示そうとして、ちょうど窓掛けを下げるかのように画面の上から下へと元気のいい線を引いた」

という。この線はカーテンの紐ではない。カーテンを引くという行為の全身的な表現がたまたま紙のうえに固定されたものとみることができる(26)。

ウェルナーらはムホフの研究として、三歳児が「鋭角三角形を模写するように言われると、まず舌を前に突き出し、それから人さし指をさっと前に突き出す動作をしてから、鉛筆で紙をやぶいてしまうほど鋭くその三角形を描いた」という事例を報告している。ビセックスも、彼女の五歳の息子がインディアンの戦いのダンスのやり方を文字で書いて説明している途中で、足の動きそのものをジグザグ線でなぞることへ移行したという事例を報告している(27)。

これらの描かれた痕跡は、何ごとかを表現するシンボルであるとしても、共通のコードに従うものではないから、一般に通用するものではない。しかし、何ごとかを文字記号によって表現するとは、このような「前史」を踏まえた、そのより洗練された形態であるとすれば、茂呂氏の言うように、「『書くこと』は全身的・活動的なシンボル使用から必然的に発生」したものであり、『書くこと』は音声をルールに基づいて表す二次的なものではなく、シンボル使用の過程において一次的で必然的に生まれるもの(28)」と考えられよう。

確かに子供は既存制度としての言語コード・文字コードを十分に知らないし、使いこなせない。だがこれらの事例が示しているのは、子供たちにとって意味の伝達とは、制度的記号の操作によって行うものというより、意味を受肉した記号をそのつど作り出すことによって行うものだということである。これは、ある種の芸術家たちの表現行為となんとよく似ていることだろう。誤解してほしくないのだが、私は前衛芸術家の一人よがりを冷やかしているわけではない。むしろ芸術とは元来、新たな意味を受肉させるため新たなシンボルを創り出そうとする行為だとさえいえる。ただ既存のコードに頼らないとすれば、人々が生理的或いは文化的に共有する感覚しか元手はない。そこでこの共有感覚をたよりに表現と理解のさまざまな実験が展開されたのが現代であった。美術・音楽・舞踊の最前線で繰り広げられてきたコードなき身体表現は、実は常に独創的シンボルによって新たな意味の受肉を試みたものであり、この意味で表現の原初へと立ち戻るものであったといえるだろう。

言葉が意味を受肉せず、単なる制度的記号に陥る原因はいくつかある。ディアナのように関心をメタレベルに移し、もっぱら言語を操作対象としているとき、言葉は意味を受肉しない。また意味消失実験のように、記号との接触を機械的に反復し、ついに反復行為自体が自己目的化したとき、言葉は表層のラベルと深層の身体的理解との結合を失い、意味の受肉をしない。これらはいずれも、志向が概念の表層（ラベル、せいぜい表象）に偏りすぎて、深層での意味が励起されないのだと考えられる。もっともこれらのケースでは本人の深層の理解能力そのものは失われていない。だからディアナは志向のチャンネルを切り換えただけで、理解し、興奮し、叫んだのである。これに対し、離人症の場合にはそもそも世界の事物が現実性を欠いている。これは世界がもはや身体によって理解されていないことを示している。つまり、言葉以前に、言葉の指すべき対象が意味を受肉していないのである。それゆえ彼女の言葉は表層的レベルにとどまらざるをえない。言葉は意味を受肉しようがない。

これを逆に言えば、言葉が意味を受肉するためには、まず現実の世界が意味を受肉したものとして立ち現れていなければならないということである。即ち、意味の発生の源にあるものは、言葉ではなく、世界そのものが（あるいは世界の中の諸々の事物が）意味に満ちたものとして私の前に立つかどうかということなのである。太初にあったものはロゴスではない。

（1）ウェルナー＋カプラン、前掲書、一二〇頁
（2）同、一〇九頁
（3）グループμ、前掲書、一九〇―一九七頁
（4）G. Lakoff, *Women, Fire, and Dangerous Things* (Chicago: The University of Chicago Press, 1987), 77-90.
（5）ウェルナー＋カプラン、前掲書、一二〇―一二二頁
（6）同、一二三頁
（7）市川浩『精神としての身体』勁草書房、一一〇―一一三頁
（8）湯浅慎一『知覚と身体の現象学』太陽出版、一九一―一九九頁
（9）ウェルナー＋カプラン、前掲書訳注、五〇八―五〇九頁
（10）K. Nelson, "Some evidence for the cognitive primacy of categorization and its functional basis," *Merrill-Palmer Quarterly of Behaviour and Development 19* (1973): 21-39, repr., in P. N. Jhonson-Laird and P. C. Wason, eds., *Thinking* (Cambridge: Cambridge University Press, 1977), 223-238.

(11) H・ワロン『認識過程の心理学』滝沢武久訳、大月書店
(12) チャン・デュク・タオ『言語と意識の起源』花崎皋平訳、岩波書店
(13) 市川浩『〈身〉の構造』青土社、一一―一四頁
(14) ウェルナー＋カプラン、前掲書、一八頁
(15) 同、一八頁
(16) J・J・ギブソン『生態学的視覚論』古崎敬＋古崎愛子＋辻敬一郎＋村瀬旻訳、サイエンス社
(17) M. Bowerman, "The acquisition of word meaning: an investigation of some current concepts," P. N. Jhonson-Laird and P. C. Wason, eds., *Thinking* (Cambridge: Cambridge University Press, 1977), 239-253.
(18) 木村敏『自覚の精神病理』紀伊国屋新書、一八頁
(19) 同、一七頁
(20) 同、一七―一八頁
(21) 茂呂雄二『なぜ人は書くのか』東京大学出版会、八三―四頁
(22) 波多野誼余夫「演繹的推論」、佐伯胖編『認知心理学講座3　推論と理解』東京大学出版会、一〇九―一一二頁
(23) 茂呂雄二、前掲書、六―七頁
(24) 同、八五―八六頁
(25) 竹内敏晴『子どものからだとことば』晶文社、一八六―一八七頁
(26) 茂呂雄二、前掲書、一七頁
(27) 同、一七―一八頁
(28) 同、一九頁

六　「なぞり」の方略——レトリックと身体

1　学びの方略——模倣と「なぞり」

イヨネスコに『禿の女歌手』という戯曲がある。創作裏話というのはあまりあてにならないのだが、伝えるところによれば、イヨネスコが英語を学習していたとき、「これはペンです」「ぼくはジョンです」のたぐいの文例を覚えさせられるのにうんざりし、ふと芝居の台詞をこの調子でやったらさぞかし異様で面白いのではないかと思いついたという。ニコラ・バタイユの演出によってパリで十年余の大ロングランとなったこの芝居では、登場人物たちが教科書の例文のように完璧で白々しい言葉で会話を交わし、観客は抱腹絶倒したのであった。しかし十年近くも英語を学びながら、一向に身につかない私たち日本人にとって、これは笑いごとではない。

外国語に限らず、ピアノとかバレエとか、学習法（教授法）の研究の進んでいる分野では、たいていきっちりしたシステムが考案されているが、それらの原理はだいたい一つである。即ち習得すべき対象（知識や技術）の全体がどういう要素から成り立っているかを解析し、各要素を逐次効率的に習得できるようカリキュラムが構築される。順序は通例、要素の中で易しいものから難しいものへ、単一の要素から要素の複合へといった手続きをとる。たとえばアルファベットから単語へ、易しい単語から難しい単語へ、単文から複文そして長い文章へというふうに。学習内容が分解されることによって、学習法は体系化されるわけである。そして順序よく全体を学習し終わったあかつきには、技能は習得されているはずだということになる。たとえば必要なだけの語彙と文法を教室で学べば、外国語の使用に不自由はないはずだ、もし不自由を感ずるなら、それは習ったことを覚えられない記憶力に原因がある、と。

たしかにこういうやり方でいくつも外国語をものにしてしまう人もいるのだから、私は自分の記憶力の乏しさを棚上げして学習法を非難することはできない。しかし私が日本語を学んだときには、別に体系的ではなかったし、そもそも学習法などというものもなかったのは確かである。だれでも母国語を学ぶときは、まわりの人々の発話をまねることから始める。発話をまねるとは、単に言葉の発声をまねることではない。言葉の使い方をまねることである。どういう状況ならどういう言葉を発するかという、活動の全体の再現なのである。この活動の文脈の経験なしに言葉の「らしさ」の理解はないし、この身体的理解なしに言葉は身につかない。子供が言葉を真似るとき、それは単に発声の反復ではなく、言語活動の具現例を身体的レベルまで含めて反復しているのである。イヨネスコが教科書の文例に感じた違和感は、この身体的経験が伴わないための白々しさであろう。「畳の上の水練」をいくら重ねても、水の抵抗と浮力がもたらす身体感覚が伴わないとなかなか泳ぎは身につくものではない。日本語の「学ぶ」が「まねぶ」即ち真似から来ていることは興味深い。しかもこの真似は表面的な操作ではなく、いわば全身をもって能動的に遂行される典型事例の反復である。その目的は（あるいは結果は）、自らその具現例を実現することによって、その「型」を身につけることである。このような真似を「模倣」と区別して「なぞり」と呼ぶことにしよう。

模倣と「なぞり」の違いがわかりやすいのは、たとえば書道の稽古であろう。教室ではふつう、自由に書いて独創性を養えとは、少なくとも初心者の内は、言われない。たいてい先人の書いた理想例（手本、鑑）を見せられて、これを真似よと言われる。具体的な事例をプロトタイプとして、自らもそれに近い事例を具現しろというわけである。が、これに二つのやり方がある。一つは臨書、即ちかたわらに手本を置き、これを見ながら模倣するものである。もう一つは摹書《もしょ》、即ち手本を半紙の下に敷き、透けて見える筆跡を上からなぞるもの、いわゆる敷き写しである。臨書では、目で手本の形態的特徴を抽出し、筆を操作してこの特徴を再現するという形になる。一方敷き写しでは、筆先の下にある手本が筆の次の動きを要請し、手がこれに応答するという、一連の「呼びかけ─応答」のプロセスとなる。模倣が、模倣対象の特徴パターンの認知、同一パターンの製造という対象操作の行為であるのに対し、「なぞり」とはむしろ手本に導かれた身体活動のパターンの経験である。そこで習得されるものは、文字の形よりも、主として動きの緩急の「型」であり、筆遣いの「呼吸」である。この内的な身体活動の「型」が身につくなら、結果として文字の形も似てくるであろう。こうして「模倣」が外的な（客体の）特徴の再現であるとすれば、「なぞり」は内的な（主体の）活動の「型」の反復である（もちろん熟練者なら臨書でも手本の用筆のパターンを見てとり、外形よりも身体運動のレベルで手本を真似ることができる。

この場合は臨書をしながら「なぞり」を行っているのである）。

同様のことがスポーツにもある。武道はもちろん野球でもテニスでもフォームの訓練が重視される（ことに日本では）。スキー学校で先生にああしろこうしろと言われてもさっぱり上達しなかったのが、上手な人のフォームを見て真似てみると、突然目が開けることがある。「なるほど、こういうことか」と身体でわかるのである。もっとも、この納得が得られなければ、真似の甲斐はない。外形の模倣だけで急斜面を滑ればたちまち雪だるまになるだろう。雪面と全身とが相呼応して、いわば両者の変転が一つの活動として進行してゆくようでなければ、フォームの「なぞり」に成功しているとは言えないのである。模倣が自分の身体を客体として操作し、外形を似せることであるとすれば、「なぞり」とは身体の自発的な活動の「型」を、自分の身体に具現させることである。平たく言えば、からだが「のっている」状態になることである。あるいはこう言ってもよい。模倣とは同じものを作ろうとする操作活動だが、「なぞり」とは自ら同じものに成ろうとする反復活動なのだと。

日本の芸道では、体系的に技術を習ぶよりも「なぞり」によって身につけるという方法を伝統としている。生田久美子氏は西欧の芸術と日本の伝統芸能の訓練法の違いを次のように述べている。

「日本舞踊の世界では、入門者は、お辞儀の仕方や舞台で最低守らなければならない作法を師匠から指示されるといきなり作品の教授（習得）が開始される。入門したての学習者は日本舞踊のイロハも分からないままに、邦楽のテープに合わせた師匠の動作の後についてそれを模倣する。こうしたやり方は西欧の芸術に慣れ親しんだ者にとっては全くの驚きであるにちがいない[1]」

西欧型のレッスンは習得対象の要素分解と各要素の体系的積み上げという「科学的」方法論に依拠しているのに対し、日本型の稽古はとにかく及ぶかぎり全体的に真似てみるという、しごく曖昧なものである。方法論などなきに等しいように見える。習得すべき要素が難易別に整理されているわけではないから、学習の「段階」というものがない。従って各段階ごとの「目標」というものもない。ということは、学習者にとって、自分が今何を獲得すべきなのかがよく見えないということである。師匠の指導は（とくにプロを育てる場合）「『ダメだ』『そうじゃない』といった叱責を受ける形で得られるのみで、どこがどういう理由でダメなのか教えられることは稀である。またよい時にも『そうだ、それでいいのだ』と言われるのみで、学習者本人はなぜよいと言われたのかもわからないことが往々にしてある[2]」。これら日本型稽古の特徴を生田氏は「模倣」「非段階性」「非透明な評価」という言葉でまとめている。しかしこのつかみ所のないやり方で結構芸の伝承がうまくいってきたのも事実である。そこで生田氏は伝統芸能の学習法を「いわば教育の世界では常識化されている段階的学習理論の強力な反証例」とみなしている[3]。

別の観点から見るなら、日本の芸道で習得すべきものは、もともと単元に分割できるものでもなく、明確な言葉で目標を語れるものでもなく、ただ理想事例を手本にその活動の全体を身をもってなぞるほか仕方のないものなのであろう。技術ならぬ「芸」とは多分そのようなものである。

踊りのイロハもわからぬ入門者が師匠の動きを真似るのは、もちろん外形の模倣であるほかはない。生田氏はこれを「形」の模倣と呼び、繰り返される稽古の末その「形」を「自ら主体的に産み出す」ようになった時、これを「型」が習得されたと言う。いわば「型」とは「形」の事例を産み出すための「〜できる」知、身に染みこんだ図式にほかならない。

このような「型」と「形」の用語法は、従来の他の芸道論における「型」と「形」の区別と矛盾しない（一般に、「型」は普遍的原型であり、「形」は個別的事例であって、鋳型と鋳物製品の関係にたとえられる。これについては青木孝夫氏の研究(4)が詳しい）。また「型」を心身態勢のパターンとして、あるいは個々の事例に具現されるべき「らしさ」の図式として語ってきた私たちの用法とも矛盾しない。そこで本書でも生田氏の用語法をそのまま取り入れることにしよう。即ち、芸道で稽古の目標となる「型」とは内的な心身図式であって、それ自体は表象することも認知することも、もちろんロゴス的言語で記述することもできないが、個々の事例（踊りなり演奏なり）において具現されると私たちはそこに「型」が実現しているのをはっきりと認めることができる。一方「形」とは個々の事例の目に見える（あるいは耳に聞こえる）外形であり、ある程度ロゴス的に記述できる（「もっと右手を上に」など）。

「形」の模倣と「型」の習得とは別のことであるが、両者は無関係ではない。「型」が身についていなければよい「形」（フォーム）はできないし、「形」の模倣を通して心身態勢を内部から「なぞる」ことができた時、初めて「型」が理解されるのである（「なるほど、これか」と腑に落ちる、つまり身体で納得する）。そしてこの「型」をいつでも自身の身体に呼び起こすことができるようになって初めて、「型」が身についたと言い得る。「形」の模倣は必ずしも「型」のなぞりではないが、「形」の模倣を通じるほか「型」を身体で理解する道はない。そこで入門者はとりあえず「形」の模倣から始めるわけである。

稽古の目的は、外形の模倣から入って型の「なぞり」、つまり模範例の心身態勢の再現を通じて、模範者の「身になる」ことである。人の身になることによって、そこに具現されている身体の型がわかる。しかし芸道の修行においては、理解するだけでは不十分である。「なるほど、これか」と身体で理解した心身態勢をさらに繰り返し再現して、「身につく」までに至らなければならない。これに成功して初めて、弟子は師匠と同じ境位に達し、芸の継承に成功したといえるのである。芸道における継承とは（実は仏道なども含めて「道」一般において）、同じ知識や技術を「持つ」というより、同じ心身に「成る」という、いわばクローン人間の製造を目標としているのである。

こうして「なぞり」とは、自身が何者かに成るための手段であるとしても、これに二つの段階が区別されるわけである。第一は、手本である人の身になるという理解。第二は、手本と同じ心身を身につけるという成就（陶冶）。後者が実現してようやく芸人は「ものになった」と言われる。芸道の稽古とは、自ら「ものに成る」ために、芸を自分の「ものにする」過程である。

補記――このことを明快に語っているのは、稽古論の古典、世阿弥の能楽論である。世阿弥は「有主風」と「無主風」の役者を区別する。「無主風」とは手本の演技を模倣している（「習い似する」）段階であり、「有主風」とは「我が物になり」「身心に覚え入」れた段階である（『至花道』。なお「心身」ではなく「身心」であるのに注目）。「無主風」においては、まだ「型」が心身図式として内面化され

ていないため、同じ「形」を作るために、手本の諸特徴を表象している意識が身体を操作しなければならない。身体各部もまた操作対象として意識されている。これに対して「有主風」においては、度重なる「なぞり」の結果、既に「型」を身につけており、ただその気になりさえすれば自分の身心は必要な態勢に入るのである。言い換えれば、ある「らしさ」を意識し、「らしくしよう」と思いさえすれば、身体各部はひとりでに必要な体勢（形）をとるのである。（ちょうど私たちが「歩こう」と思いさえすれば脚の筋肉を意識的に操作せずともひとりでに歩けるのに似ている。既に身についた活動の場合、私たちは目標さえ意識すれば身体各部を意識的に操作する必要はない。それらは無意識の内に調整される。いわゆる暗黙知である。しかしいとも簡単にみえる「コップを摑む」といった動作が、実は複雑微妙な力の調整を要する作業であることは、ロボット工学者が溜息まじりに語るところである。）

ある形をとった身体に「型」が具現しているか否かは、不思議なことに素人にも、見ればわかるものである。動けばもちろんだが、静止していてすらある程度わかる。伝統芸能や武道では「構え」をやかましく言うが、たしかに達人の構えはひと味違う。一方、初心者の形はどこかぎこちなくて「おかしい」と見える。どこが違うのかを形の上で指摘することは素人にはできないが、どこか感じが違うのである。しかたがないので私たちは「力がない」とか「風情がある」とか「存在感」といった不器用な言葉を使ったりする。この違いは、対象に属する特徴の違いというより、それを私たちが経験するときの心身のパターンの違いであり、ウェルナー風に言うなら「相貌的知覚」の違いであるだろう。

──補記──たとえばウェルナーは、倒れたコップを見て「コップ、くたびれてる」と言い、しっかり立っている三脚を「いばっている」、不安定な三脚を「悲しそう」と言った幼児の例をあげている(5)。このように非情の事物に人間的表情を見出すのが「相貌的知覚」である。いうまでもなくこれらは比喩表現ではなく、子供には実際にそのように見えている。ウェルナーによれば、子供が「世界を相貌的に理解する」のは「子どもは、まず世界を自分の運動・情動的活動を通して把握する」からである(6)。大人になってもこの知覚は完全に失われるわけではない。言われてみると確かにしっかり立つ三脚は「威張っている」ように見えるし、なにより私たちは他人の表情を理解することができる。また「たとえばある風景が突如として喜びとか悲しみとか憂鬱などの気分を表しているようにみえることがある(7)」のも事実であろう。相貌の知覚はもちろん「らしさ」の知覚の一種なのだが、それは対象の生の状態を自分の生の状態に共鳴させて捉えるという、共感的理解なのである。「いばっている」などの相貌を表す言葉は、私の身体の共感(ないし反感)によって生気づけられなければ、意味の受肉は生じない。大人の通常の対象認知は、既存の分類体系をあてはめて「これは何であるか」を決定してゆくというロゴス的方法を先だてるのだが、相貌的知覚とは、自分の身体による対象の意味の受肉という原初的な理解を先だてるものである。ロゴス的認知が十分に発達していない幼児に相貌的知覚が多く観察されるのは当然である。

ただし身体が世界を把握する仕方は相貌的知覚だけではない。世界を身体の行為の対象(ないし共同行為者)として捉えるものがある。たとえば椅子は「座るべきもの」として見える。機能といってもアフォーダンスといってもよいが、とにかく対象と身体とを巻き込んだある活動の型を内部でなぞることによってその事物の意味を理解するのである。「らしさ」とは、相貌とこの活動パターンとから成るといえよう。とすれば、「らしさ」の意味はなぞりと投射によって成立するのだとも言える。相貌は相手の状態を自分の心身態勢によってなぞり、これを対象に投射して受肉させた意味である。機能もまた相手と関わる活動をなぞり、これを対象に投射して受肉させた意味である。いずれにせよ意味は、私と世界の交叉するところから生起してくるのである。

原始的心性といわれるアニミズムも、象徴表現と呼ばれる詩の技法も、人の心の投射による物への相貌付与である（悲しい気持で月を見れば、月は「もの悲しく」見える。和歌の「寄物陳思」、イェイツのいう「シンボリズム」はこれである(8)）。もっとも現代の大人にとって、物が相貌をもって見える機会は少ない。確かに相貌を見るのは、わずかに人の顔と所作くらいだろうか（ここに、身体芸術としての舞踊が現代芸術に重要な位置をしめる理由がある(9)）。しかし私たちはもともと世界の全てが相貌をもっていたことを思い出すべきだろう。それも、この私という「主体」の心の投影としてというより、自己が世界から分離する以前（主客未分）の世界全体が一つの気分をもち、そこから個々の物（自己や対象）の相貌や情動が生起してきたのである。私の生きる世界は（私の身体とそれが生きる場所としての世界を含めて）意味に満ちていたのであり、私の一挙手一投足はその意味の波動を引き起こし、たえまない変容で充実していたのである。現代の多様な芸術の試みは、事物や音や身体に、新たな相貌を取り返そうとするものだったといってもよい。

「型」が身につくとは、どう動いても形が「型」の具現例になっているということである。「型」は同じでも各人の好みや個性に応じて、また観客や演出意図等の状況に応じて形は多様なヴァリエーションをもち得る。むしろ生物的身体条件が個人によって違うことを思えば、同じ「型」を具現しようとする弟子の形は師の形と違ってくるのが自然であろう。「型」を身につけた弟子は師の模倣の段階を脱し、自ら形を作り出すのである。

しかし興味深いことに、伝統芸能ではさらに一歩を進めることを求める。自ら身につけた「型」を破れというのである。既存の「型」を踏み越えて自在に動きながら、しかもそれが無秩序ではなく、一つの意味を産み出す。といって、それは新しい「型」として固定するわけではない。むしろそのつど観客は、新たな「型」がたえまなく生成しかかっては突き崩されるという遊びの現場に立ち会うのである（このような「妙」と言われる芸の最終的境位については金春禅竹の能楽論が詳しいのだが、禅の思想に依拠した彼の言葉を持ち出すと話が神秘的になるだけなのでここには引かない）。

たとえば志ん生の「型破り」な芸が誰にも真似られない（なぞれない）し、従って受け継ぐこともできないのは、それが既に固定した「型」ではないからであろう。このような型破りが「さまになる」ためには、「型」の秘密が完全に体得されていなければならない。それは個々の「型」を知ることではなく、「型」一般の成立の秘密である。心身の構えがほんのわずかな違いで「型」になったりならなかったりする、その違いがどこにあるのかを知っていれば、どのように形を崩しても、たちまち別の「型」に組み込んでしまうことができる。だから安んじて「型」を「くずす」こともできる。こうして名人は自在に「型」を破って、しかも予期せぬ意味を作り出すのである。しばしば「自在の境地」とか「遊戯《ゆげ》三昧」などといわれる境位である。

芸における個々の「型」は、言語における語彙のように、一つの意味の単位である。作品というより大きなレベルからみれば、それは素材ないし手段にすぎない。詩歌がしばしば文法を無視しながら、というより意図的に違反することによって、必要な効果を手に入れることがあるのを私たちは知っている。同様に、既存の「型」を破ることによって芸術家は、より大きなレベルで自らの表現を織ることができるのである。もちろん文法とその機能を知悉していなければ非文法性の効果を計算できないように、身体が意味を生むとはどういうことかを身体で深く知っていなければ、この自在な身体の振舞はさまにならないであろう。

技能学習における「なぞり」は、熟練者（達人）と同じに成ろうとする努力だが、自分が何者かに成るための「なぞり」は技能学習に限ったことではない。実は「なぞり」とは、人の成長過程における「とり入れ」や「同一化」一般に関わっている。幼児は母親の振舞をなぞることによって認識と行動のルールを学ぶ。もっとマクロなレベルでは、人格を含めた存在の全体がある理想的人物（鑑・手本）と同じに成るための「なぞり」がある。自分を英雄や天才になぞらえる青年は、多くの場合自分の思想や行動をもってその手本をなぞろうとするだろう。はた目には猿真似と見えるかもしれないが、当人としては理想例と同じものに成ろうとしているのである。アイデンティティとはなぞるべき自己像にほかならない。

2　コミュニケーションの方略――「なぞり」の呼応

芸道稽古における「なぞり」の最終目的は師匠（理想事例）のように「成る」ことであるとしても、その前段階として「なぞり」は師匠（他者）の心身態勢の「理解」を実現する。この「理解」の手段という面に注目するならば、「なぞり」はコミュニケーションにも役立つのではないかと考えられるだろう。

ではコミュニケーションとは何か。もっとも広く受け入れられている図式は、情報という小荷物を送り手から受け手へ配達するというものである。荷物はまず送り手の所有である。彼は情報を送りやすい形、つまり記号に変える（符号化）。記号は空気の振動、電気の強弱あるいはインクの図形等を媒体として物理的に受け手に届けられる。受け手はこの記号を解読して、もとの情報を自分のものにするというわけである。この情報小荷物図式の特徴は、情報が実体として扱われていることである。情報は送り手や受け手とは独立に存在する客体であり、情報伝達とはその所有の移転（あるいは所有者の拡大）とみなされている。だがコミュニケーションとはそのようなモノのやりとりと同じ図式で考えてよいものだろうか。物理的媒体は実体であるとしても、伝達される情報とは実体なのだろうか。

確かに「サミットは来月開催される」とか「鰻丼並一丁」といった命題の伝達に話を限定するならそれでも構わないかもしれない。しかし対面している二人の人間がコミュニケーションを行っている時、そこに生じているのは命題の伝達だけではないであろう。もちろん言葉のやりとりはさかんに行われる。だがしばしばその目的は命題を所有することよりも相手が何を言いたいのか、考えているのかを知ること、つまり相手の理解にあるのではないか。ここで、伝達される情報とは命題の形で処理される客体ではなく、その「意味」であると考えてみよう。意味にはロゴス的なものと心身態勢として経験されるものがある。後者は話し手の心身がそのつど作り出すものである。ということは聞き手もその意味をそのつど自分の身体によって経験しなおさなければならないものである。つまり聞き手が話し手の言葉を理解するとは、自分の心身によって相手の心身をなぞることに成功することにほかならない。それは「相手の言葉を理解する」というより、端的に「相手を理解する」ことだといってよい。私たちは他人と会い、話を交わし（なんなら共に飲み喰いし）相手を理解した（そして相手に理解された）と思ったとき、はじめてコミュニケーションが成立したような気がするのではないだろうか。

他者の理解が身体的なものであるとすれば、この理解の手段としてことばが重要な役割を果たすことは確かとしても、必ずしも言葉が必要なわけではない。むしろ言葉による予備知識が真の理解を妨げることとさえあるだろう。演出家竹内敏晴氏の実践的身体研究の記録はいずれも貴重なものだが、その報告の一つを引こう。あるワークショップで竹内氏は、喋るときに顔を引きつらせる女性にであう。説明によれば小児麻痺の後遺症とのことで、それなら器質障害だから治りようがない。だが氏にはそれが「どうにもならない障害」だとは感じられない。そしてなぜそういう感じを持ったのかが、氏自身にもわからない。そこで竹内氏は毎晩自宅で彼女の症状の真似をしてみる。ワークショップの最終日、氏は彼女に器質障害とは思えないと告げ、「しかしそう言っただけではわからないだろうから」と、いきなり彼女の真似を始めたのである。

こう眉から唇をひきつらせて「ア、ア、ア、アタクシハ……」としゃべると、そうしたら「そうです!!」と、彼女が叫んだ。ぼくは彼女の顔をみることができなかったけれど、続いて「こういうふうにまねをするときにぼくの中で起こってくる感じを言うと……」と言ったんです。とふつう言葉の障害ということは、身内にしゃべりたいものがあって、外へ出ようとする。ところが何か障害があるからうまく声にならない。何とかそれを突破しようと、苦労して、やっとことばが出てくるわけですね。ところが「あなたのまねをする時、ぼくの中で感じるのは、本来全く動きたくないのに、意志だけで顔を上げて、意志だけで口を開けようとする、努力だ」と言った途端に彼女が「あっ!!」と言ったきり黙ってしまったんです。何分ぐらい経ったか知らないけれども、彼女が最初に言ったのは、「自分は小児麻痺の後遺症と言っているけれども、小児麻痺のカルテはないんです。ただ、医者が、小児麻痺の後遺症というよりほかにないような症状で、そうに違いないと言うから、自分も言っている。だけど小児麻痺にかかったことはない」と(10)。

彼女は幼児期から精神的に堪え難い環境にありながら、意志によってこれを受け入れようとしてきた人であった。三年後竹内氏と電話で話した時、彼女の声にはほとんどひっかかりがなかったという。

医師は外面の症状からこれを器質障害と診断した。しかし竹内氏は相貌的知覚から、それが器質障害ではないと判断したのである。相貌とは心身の全体のあり方が表面に現れたものである。氏はこの相貌が意味しているものを理解するために、全身でその形をまね始めた。なぜなら、この意味は身体で理解するほかはないものだから。そして氏の身体が「なぞり」に成功したとき、彼女自身気づかなかった彼女の内部が、というより心身全体のあり方が「わかった」のである。さらに注目すべきは彼女が「そうです!!」と叫んだことである。彼女は竹内氏が自分の心身の「なぞり」に成功していることを、どうやって「わかった」のだろうか。おそらく自分の身体が「思いあたった」のである。そのためには、彼女の身体がそのときの竹内氏の身体をなぞっていたはずである。さらに竹内氏自身、自宅での理解は完全ではなく、当日「彼女が前にいて、彼女のからだが動いているのを見て(11)」はじめてそれが何を意味しているかがわかったと告白していることである。身体は相呼応することによって「なぞり」は成功し、互いに「わかっている」こと、「わかられている」ことを知るのである。

この例はかなり極端なケースかもしれない。しかし日常の場面でも、これに近いことが生じているのではあるまいか。それもほとんど無意識のうちに。たとえば群生する動物の一個体が危険を知覚すると、その動作から群全体に危機感が伝染する。赤ん坊が一人泣き出すと他の赤ん坊も泣きだす「共泣き」現象もよく知られている。大人のあくびや笑いも(とりわけ「のり」を共有している場では)伝染する。とすれば、人の心身態勢は、常に完全な同調を呼び起こすわけではないにしても、ある程度の伝染性をもつと考えられる。かつてメルロ＝ポンティはそのパロール論で、対話の現場においては対話者同士はいわば主客未分的融合状態にあり、二つの主観から二種類の言葉が交互に発せられるというより一つの共同性(相互主観性)から一つの言葉の運動が展開してゆくのだと考えたが(12)、最近これを裏付けるような知見が認知科学から提出されている。

ウィリアム・コンドンはコミュニケーションの現場を超低速で撮影したフィルムを観察し、話し手の身体各部の微細な動きが音声と完全に同期していることを発見した。これはまあ予測できることである。だが彼が次に聞き手の身体の動きを調べると、驚くべきことにそれは話し手の動きと、まるで鏡に向かい合うように同期していたのである。コンドンはこれを「相互シンクロニー」と名づけた。「このような相互シンクロニーの現象は、生後わずか二〇分の新生児にも見られ、そして、自閉症など一部のコミュニケーション障害を例外として、同期のリズムがくずれることはきわめて稀であった(13)」という。

相互シンクロニー現象は、まさに私たちの身体が話相手の身体の動きをなぞることによってその話を身体レベルから理解しているのだということを示しているだろう。しかもこの同期は、相手の動きを見て自分の身体を操作するのではなく、相互的コミュニケーション活動の流れに導かれる形で、全く意識することなく呼応する身体によって行われるのである。この呼応がうまくゆかず、身体の「なぞり」が中断されるとき、私たちは多分会話に「のれない」のを感ずるだろう。一方がのれないと、相手も（自己陶酔的独演タイプでなければ）ふつうはのれなくなる。会話は二人で一つの場を形成し、一つの行為を遂行する相互主観的活動だからである。場は「しらける」ことになるだろう（テキストに依拠した教室での英会話の真似ごとの白々しさは、自分の台詞に自分がのれないためかもしれない）。

コミュニケーションの場が成立しているとき、しばしばそこは外界から切り離され、「自分たちだけの世界」が成立しているように感じられる。私たちは確かに何かを共有しているのを感じ、話題についての理解だけでなく、同じ気分を分かちあう。笑いは確実に伝染する。私たちは心身の全体で互いに同期しているからである。コンドンがフィルムに見た身体の動きは、この心身活動の表面にすぎないだろう。私たちは相手の言葉を「頭でわかる」だけでなく、身体でも理解しているのである。この身体的レベルでの理解を支えているのは全身の「なぞり」活動にほかなるまい。

適切にもコンドンはこの相互活動を「コミュニケーション・ダンス」と呼んだ。まさに対話は相手の動きに呼応しつつ、個人の動きを超えたリズムに乗り、さらにこの「のり」を展開すべく新たなステップを相手に呼びかけてゆく運動である。意識の上で明滅する「言葉の意味」とは、身体の意味生成ダンスの、水面上に現れた氷山の一部にすぎない。

私たちはコミュニケーションを客体的な情報の伝達ではなく、他者との相互理解であると考えよう。比喩的なイメージを持ち出すなら、二つの頭をコードで結ぶことではなく、二つの身体が一つのダンスを踊ることである。そのためには、二人は互いに相手をなぞりつつ、しだいに呼吸を合わせてゆき、ついには二つの肉体が、一つの踊る身体の二つの部分に感じられるようにまでなる必要があるだろう。

コミュニケーションとは、結局心身の全体的な活動である。言葉は、その活動の、表面に突出した部分にすぎない。コミュニケーションが成功し、相互理解が実現するためには、言葉のやりとりの水面下で互いに相手の身体をなぞり、その態勢を（つまり意味を）身体で理解しなければならないのである。

3　レトリックの方略——「わざ言語」と「〈見え〉先行方略」

当り前のことだが「なぞり」には手本がいる。目の前に手本となる身体があるときは、それをなぞればよい。しかし手本がないときはどうすればよいだろう。たとえば師匠が老齢でもはやかつてのように模範例を演じられない場合。あるいは残された図譜をたよりに過去の踊りを復元する場合。私たちは痕跡にすぎないものを手掛りに、理想事例を想像しなければならない。このとき言葉は身体のために何を伝えることができるだろうか。ここで再び舞踊を例に、身体を語る言葉について考えてみよう。

身体の外形は対象的に認知、表象できる。従ってある程度ロゴス的言語（ないし特殊な記譜法）によって記号化できる。ということは、知識の伝達という教授法が有効だということである。ふつう知識は細かい要素に分解して少しづつ与えられ、学習者は部分を積み上げて全体を手に入れるという段階的学習法をとる。たとえば舞踊の外形的動きの学習は身体操作の知識の獲得だとみなすことができる。そこでバレエでは身体の基本的な体勢（ポジション）や動き（パ）は分類され、名前をつけられ、学習者はそれぞれを独立に学んだのち、それらを組み合わせて動くことを学ぶ。このとき身体は操作対象である。その目標は、鏡の中の（つまり私自身に見られている対象である）身体を手本と同じ形になるように動かすことである。

一方、心身態勢の型は分類もなければ命名もない。というのも、言語は意識の対象を表す記号であるのに、心身態勢は対象化されないからである。しかし、この「型」の有無を一種の感じとして自覚することはできる。実際に自分で動いてみれば、その「感じ」が生じているかどうかはわかるのである。確かに生じているという納得が「なぞり」の成否の指標となる。

けれども言葉は全く役に立たないわけではない。実は「わざ」を教える各分野では、この内的な「感じ」を伝える独特な用語法を工夫している。注目すべきは、それがたいてい隠喩表現の形をとることである。たとえば生田氏のあげた「目玉のウラから声をだしなさい」といった声楽教授における『わざ』言語(14)」、竹内敏晴氏のあげた民族芸能における「扇の一つの開け方でさえ、それはただ差し出すのではなくて、天から舞い降りる雪を受けるのだというような言い方(15)」などがそうである。

補記――バーノン・ホワードは声楽の教授に使われるこの種の言葉をcraft languageと呼び、生田氏はこれを「『わざ』言語」と訳した。生田氏はこの他に「頭をつるようにして声をだしなさい」「目の下に棚を感じて声をだしなさい」といった比喩表現をあげている。ホワードによればこの「わざ言語」は、「科学的な知識を学習者の印象などにわかりやすく翻訳して伝達することによって、というよりもむしろ教師の身体のなかの感覚をありのままに表現することによって、学習者の身体のなかにそれと同じ感覚を生じさせる効果があり、さらにそのような感覚を学習者が持てた時に、声を出す生理的機能がうまく働くのだ」という(16)。

隠喩表現は、ロゴス的言語のように身体各部の操作目標を指示するのではなく、身体全体が体現すべきイメージを示唆するものである。それも身体を外から見たイメージではなく、身体が内側から実現すべき行為のイメージである。このイメージを実現しようとする学習者の意識は、身体各部の操作へと向かうのではなく、身体全体が遂行すべき行為目標へと向かう。ちょうど私たちがコップを掴もうとするとき、腕や指の筋肉を意識せず、ただ「コップを掴む」という目的(行為の意味)だけを意識して肉体の調整は暗黙知にまかせるように、学習者はイメージとしての「行為の意味」だけを意識して、身体操作を暗黙知に委ねるのである。この、身体の動きそのものから動きの意味へという意識の焦点の変化によって、心身は模倣から「なぞり」の体制に入るのである。

補記――この転移は手段から目的へ、部分から全体へ、あるいは意味の媒体から意味そのものへというレベルの上昇として捉えることができる。ヘイグ・ハチャドゥリアンの記号論的分析に従うなら、これは物理的素材としての「動き movement」から意味ある行為としての「所作 action」へという移行に相当する(17)。またマイケル・ポラニーの暗黙知理論に依拠する栗本慎一郎氏の「層の理論」(これは一種の創発説だが)を借りれば、これは「下位のレベルにある具体的諸細目への注意から上位の原理である包括的存在へと注目を移すこと(18)」である。但し、本書では「暗黙知」の語はごく素朴に「近接項」の知の非反省性を示唆するために採用されており、栗本氏の用法よりも宮崎清孝氏の用法(19)に近いことをおことわりしておく。

教授者が隠喩で伝えようとしているのはある身体感覚の「型」である。つまりこの隠喩は同じ「型」を生ずる心身態勢の別の事例なのである。学習者がこの別事例を心中に想像し、その心身態勢をなぞるとき、彼の心身は求めるべき「型」を具現するであろう。その瞬間、彼は師が伝えようとしたものを理解する。「ああ、これか」と。この場合、身体行為そのものが隠喩なのだと言ってもよい。Aという身体行為を理解するために、同じ「型」の典型事例であるBという身体行為を用いるのだから。言葉ならぬ身体を媒体として、自分に対して隠喩を作りだしているわけである。

生田氏によれば、六代目菊五郎は「『六歌仙』の文屋の踊りのなかで暗闇のなかで蛍を追う振りの工夫に苦労していた時に、ある人から『指先を目玉にしたら』という助言をもらい、翌日の舞台から螢を追いかける振りに『指先を目の玉』にして、はっきりと感じが出せた(20)」という。またその六代目から忠臣蔵の力弥の演技を教えられた中村勘三郎は次のように回想している。

力弥が花道のつけ際《ぎわ》に坐って、父由良助《ゆらのすけ》はまだ到着しないかと、気づかいながら向うをこう……見定めるところがあるね。それで、「いまだ参上……仕《つかまつ》りませぬ」とこうなるわけだけど。そのとき、おじさんは、揚げ幕に仮りに丸い穴をこしらえて、そこから向うを見てみな、って言うんです。心の中で揚げ幕に丸い穴をこさえて、そこから遠くをじっと透かして見るようにしてみな、って言われて、形と心が一ぺんにわかりました(21)。

指先を目玉にする身体の動きは、闇の中で蛍を追う身体の隠喩である。揚げ幕の架空の穴を見透かす身体は、由良助の到着を待つ力弥の身体の隠喩である。しかもこの身体は肉体の形だけでなく、「気持」を伴っている。この隠喩的身体を自ら実現するとき、心身態勢は必要な「型」を具現し、ほとんど自発的に肉体の動き（形）を展開してゆくであろう。

しかし振り返ってみるなら、これは芸の伝承の場合だけではなく、通常の言語コミュニケーションの場合でも、似たようなことが起こっているのではあるまいか。私が「壁紙音楽」という言葉を聞いたとき、私の身体は想像の中で壁紙にとり囲まれた身体をなぞり、その経験の「型」が今音楽を聞く私の身体に具現しているのを確かめたのではなかったろうか。とすれば、隠喩の理解とは、そもそも私の身体がなぞりによって隠喩的に変容することである。

「わざ言語」は心身態勢のあり方を直接に表そうとする言葉であった。身体は、その言葉に従うとき、言わば隠喩的に、あるべき事例の等価物を実現するのである。これに対し、直接には心身態勢について言及せず、その外部状況という間接的な情報を与えてあとは読者（聞き手）に想像させるというやり方もある。実はこの方が普通である。

この間接的方略にもまた二種類ある。一つはその心身態勢の原因または結果となる外的状況を客観的に記述するもの。もう一つはその心身態勢から見た外部の相貌、即ち主観的な「見え」を記述するものである。おおまかに言えば、小説は主として前者を、和歌は主として後者を用いる。たとえば恋の苦しみを語ろうとするとき、小説は主人公の境遇や事件のいきさつを詳しく記述し、読者の主人公への同一化を容易にしようとする。これに対し和歌は、恋するものの目に世界がどのように映るかを表す。たとえば月は、花はいかに見えるか。読者は語られた世界の相貌から、世界をそのように見てしまった目を思いやる、というより同一化するのである。こうして、物語の方は心身態勢と関わる外的状況（原因としての条件や結果としての行動）を、和歌はその心身態勢から見られた相貌を語ることによって、間接的にその心身態勢の「なぞり」を喚び起こすのである。

念を押すまでもないことだが、小説は状況、詩歌は相貌というのはおおまかな傾向であって、実は小説にも相貌の描写はあるし、詩歌にも状況の説明はある（富士谷御杖は和歌の修辞として「比喩」と「外へそらす」をあげたが、後者はある思いの原因または結果としての状況説明である(22)）。そしていずれも直接心理を語ることもある。というより、実際にはそれらを組み合わせることが多い。

だが、見られた相貌を語ることがどうして見るときの心身態勢を伝えるのだろうか。これを視野と視点の問題に置き換えてみよう。カメラを空間内のどこに据え、どの方向に向けるかを決定すれば、自動的にカメラに映る光景は決定する。逆に光景が与えられれば、カメラの位置は割出せる。同じことが絵画にもあてはまる。透視図法によってある風景を描けば、これは描かれていない画家の目の位置を特定する。そしてこの絵を見る人は、画家の見た「見え」を共有したとたん、設定された視点に我が身を立たせることになる。このとき観賞者は画家の身体を、少なくともその空間定位に関してはなぞっているのである。

この「見え」と「視点」の関係を、宮崎清孝氏は、光学的空間から心情的世界に転用しようとする。対象の情緒的「見え」を叙述することは、その「見え」を生じた心理的「視点」を特定し、その結果読者はその心情を理解できるようになるのではないか。このような、ある「視点」を理解するためにまず「見え」を理解するという方略を、宮崎氏は「〈見え〉先行方略」と呼んだ。

「視点」という概念を単に空間的な意味から、物の見方感じ方一般、世界の認識の仕方一般といったところまで広げてみよう。他者の視点をとるということは、その視点から「見る」ということと、その他者に「なる」ということとを含む。他者に「なる」ということは、その視点の内側にある「心情」や「身体感覚」を再現するということである。つまり視点の理解は「他者に実感的に『なる』(23)」ことであり、他者の心情を理解することである。とすれば、光学的空間における「見え」からの「視点」の理解という方法は、他者の心情理解の方法としても使えるのではないか。ここから宮崎氏は、文学作品の登場人物の心情理解の方略として、登場人物の目に映るものの認識から入るという「〈見え〉先行方略」を論ずる。そしてこの方略は小学校二年生にさえ有効であることを、実際の授業報告を例に確かめる。

教材はきつねの母子の物語である。お話を読み聞かせただけでは、生徒に母ぎつねへの共感は生じない。そこで教師は次のような質問をしてみる。

雪野原を子ぎつねひとり、よちよちした足どりで町へ向かううしろ姿を見送っているかあさんぎつねは、どんなことを心の中でつぶやいたと思いますか。子ぎつねの姿はだんだん小さくなって、ごまつぶより小さくなって、あっ、もう見えなくなりましたよ(24)。

宮崎氏は教師のねらいを説明して、「かあさんぎつねからみた子ぎつねの見えをこどもたちに想像させることにより、教師はこどもたちをかあさんぎつねの立場に『たたせて』しまい、それによってかあさんぎつねの心情を実感的につかませようとする」ものと述べる(25)。ここで提示された「よちよちした足どり」とか「ごまつぶよりも小さくなって」といった「見え」は、教師が解釈した「心情」によるものである。もし教師の解釈がちがっていれば、提示される「見え」は「一度も私の方をふりかえらないで、どんどん進んでいく」といったものであったかもしれない(26)。そのとき子供たちがこの「見え」から理解する母ぎつねの「心情」は当然ちがってくるだろう。

では「見え」の認識はなぜ「心情」の理解をもたらすのか。宮崎氏はマイケル・ポラニーの暗黙知理論を借りて説明する。暗黙知は近接項と遠隔項という二重構造の知である。たとえば私たちがねじまわしを使うとき、意識しているのはねじが木に食い込んでゆく感触である。しかし考えてみれば、私たちの手が触れているのはねじまわしだけであり、従って私たちが本来得ている情報は掌とねじまわしの触れ具合だけある。この例の、ねじの感覚が遠隔項の知識であり、掌の感覚が近接項の知識である。物理的に考えれば近接項の知識は直接的であり、遠隔項の知識は間接的である。ところが実際は逆に、私たちの意識は遠隔項を直接に感知し、近接項は遠隔項を通して知られるにすぎない。「人間の身体はまわりの対象についての認識を生成していく道具であるけれど、その身体そのものについての知識は、それによって認識される対象の知識をとおしてのみ知られる(27)」のである。この暗黙知論を宮崎氏は視点や心情の領域にまで拡張して次のように言う。

「人間の知識構造の中で、見えに関わる知識、すなわち視点をとりまく世界についての知識と、視点およびその内側についての知識、とりわけ具体的で言葉になりにくい心情についての知識が、暗黙知の構造をなして存在しているのではないか(28)」

とすれば視点は「認識の道具としての身体と考えることができるのではないか。そしてそうだとすれば、視点やその内側についての知識も、視点を設定することで生成される見えに関わる知識をとおしてのみ知られることができる、と思われる(29)」

宮崎氏の言う「視点」と「見え」は、本書の「心身態勢」と「相貌」と読み換えてよいであろう。私たちにとって相貌は対象に属するものとして認識されるけれども、心身態勢は認識の対象にはなりにくい。従って前者は言葉で伝えられるが、後者は難しい（「わざ言語」のように隠喩的には不可能ではないが）。むしろ心身態勢は相貌の認識を介して知られるのである。というより、そもそも心身態勢は認識などしてもしかたのないものである。なぜなら、それは知るべきものではなく、成るべきものであり、そのためには自らの心身をもってなぞるほかないのである。そのために役に立つのは、身体についての曖昧な言葉より、むしろ相貌についての明瞭な言葉であろう。対象の相貌は認識し記述することができるが、心身態勢は認識しにくく、記述しにくい。しかも記述は「知る」ための役には立つが、「成る」ためには、少なくとも直接の役には立たないのである。

意識されているねじの動きが実は意識されざる掌の動きに依存しているように、認識される対象の相貌は実は認識されざる心身態勢のあり方に依存している。むしろ相貌とは心身態勢の投影なのである（おそらく「投射」あるいは「感情移入」として心理学的に説明することもできよう）。もう少し正確に言うなら、心身態勢とは表象する意識と無意識的身体の状態であり、前者は対象の認識という形で、後者は世界との呼応という形で外界を把握してゆくのだが、後者の把握を前者に投影したものが相貌、即ち「らしさ」の感知なのである。従ってそれは、表象としての認識ではないが、対象の特徴として捉えられる。けれどもそれを把握しているのは体勢を含む心身態勢の全体であるから、ロゴス的言語によって捉えることはできない。せいぜい同じ「らしさ」の典型事例によってたとえることができるだけである。しかもそれを理解するとは、語り手と同じ表象を意識に浮かべることではなく、同じ心身態勢に成ることである。

補記――「なぞり」による他者の理解は完全な同一化ではない。それはいわば演技として他者に成ることである。役者は役に同一化するあまり、しばしば本物の涙を流し、実際に血圧を上昇させるけれども、それが演技にすぎぬことを見失うことはない。ハムレットはポローニアスを殺すけれども、ハムレット役者がポローニアス役者を殺すことはない。なぜならその同一化は、常に同一化への意志によってコントロールされた行動だから。現実のハムレット王子はハムレットに同化しようなどと思わない。すでにハムレットであるのだから。しかし役者はハムレットに同化することを意志し、そのために常に「ハムレットらしさ」を志向していなければならない。自分の振舞がどこまでならばハムレットらしく、どこからが行き過ぎなのかを監視していなければならない。要するに自分の身体が想定された型にぴったりとはまっているかどうかを、いつも感知しようとしているのである。このような、本来は暗黙知である部分への関心とそのコントロールとが演技の特徴である。同様に、「なぞり」による他者の理解は、なぞる心身態勢の状態を感知しようとする意向が常に働いている。そして感知されたもののフィードバックにより、心身態勢をコントロールしようとする。この感知と制御が働いているうちは、完全な同一化（成りきること）ではない。

ここで、体勢もまた身体運動感覚（キネステーゼ）とか気分といった形で意識に捉えられるではないかと問うこともできよう。しかし意識は常に「対象についての認識」という形をとる（だから意識で捉えることだけを認識とするなら、認識論は常に主客二元論的語法をとらざるをえない）。その認識内容は私たちから自立した情報であり、私たちはそれを「知識」として持つのである。ところが身体運動感覚や気分は、私たちがそれであるのであって、持つわけではない。言い換えれば、私たちは知識を捉えることはできるけれども、気分を捉えることはできず、逆に気分が私たちを捉えるのである。気分は私の心身を鋳込む「型」であり、その「型」それ自体を私たちは対象化することはできない。だからこそ私たちがこの「型」を捉えるためには、具現例が必要である。

言うまでもないことだが、私たちは意識を身体から切り離し、一部の心身論者のようにそのいずれかを本物の「私」であるとして他方を無視するようなまねをしてはなるまい。むしろ意識は身体機能の一部であると言うべきであろう。心身態勢は一つの「私」として生きているのであって、二つの部分がばらばらに動いているわけではない。反省的意識とは、「私」という氷山の水面上に姿を見せている一角にすぎないのである。それに意識と無意識とは明確な境界があるわけでもない。「らしさ」の意味はその境界を超えて心身態勢の全体で把握される。対象の意味を理解しようとする行為は、私の心身態勢の全てを動員した「なぞり」であり、その身に成ることをめざすのである（多分この過程は「とり入れ」あるいは「同一化」として説明することもできるだろう）。

4　レトリックの回路――意味の生成

相貌の提示はそれを見る心身態勢を喚起する。そして心身態勢はそれに応ずる相貌を見出す。この循環する回路こそが隠喩のメカニズムである。たとえば「あいつは狼だ」という言葉は、「あいつ」の相貌として「狼」を提示している。聞き手は「狼」の相貌がいかなるものかを（実際に狼を見たことがないとしても「狼」の語がどんな場合に使われるかという文化的経験から）知っている。そしてこの相貌に対応する心身態勢を自らの内に喚起する。というのも、相貌とは「らしさ」であり、「らしさ」の意味とは実は心身態勢の型であるとすれば、相貌を理解するとは自らその心身態勢の型を具現することにほかならないのだから。これはまた、「あいつ」を「狼」として見た話し手の心身態勢をなぞっていることでもある。そして聞き手がその心身態勢で「あいつ」を見、そこに新しい相貌を見出したとき、隠喩過程は完了する。その相貌は狼に典型的に見られるような「らしさ」であり、「あいつ」は「狼のようなもの」として新たなカテゴリー化を受けるのである。

こうして「あいつは狼だ」という隠喩を理解するとは、「狼」に対するような心身の構えをもって「あいつ」を見ることである。その身構えを、言葉に分解して捉えることはできない。従来の隠喩論は、しばしば読者が「狼」の属性分析を行い、「凶暴」「肉食」「貪欲」等の特徴が主題（あいつ）に転嫁されるのだと説く。だがそれらの特徴が私の態度変更をひき起こすのではない。私はそれらの特徴を思い浮かべてから態度を変えるわけではない。むしろ「狼」の語は直接私の心身にある身構えを呼び起こすのである。この身構えを無理に言葉にしようとすれば、恐怖・嫌悪等の大雑把なラベルしかないし、もう少し精密に語ろうとすれば「凶暴なものに対する態度」「貪欲なものに対する態度」といった、ある属性をもつ対象への態度として語るほかはない。従来の隠喩論は理解する者の身構えという面を考えず、ただ言葉の意味の変容現象として語ろうとして、「狼」の語を「凶暴」「貪欲」等の語に置き換えるという記号操作が意識の中で行われているのだと説明してきた。だが分析された狼の属性をいくら列挙してみても、隠喩を言い換えることはできない。多くの人が指摘するように、隠喩の言い換えは、けっしてもとの隠喩表現と同じ効果をもたない。当然のことである。隠喩の効果とは、私の心身に生じた態度変更にあるのだから。このとき私が内に経験している心身態勢の「型」こそが、この隠喩に理解された意味なのである。もっとも私たちは、自分の内側に起こるこの変容を殆ど意識することはない。むしろ私たちの外側の対象の変化として意識するであろう。即ち、対象の相貌の変化として。たとえば《あいつ》は狼の相貌を帯びはじめる。こうして私たちは、隠喩によってその対象を新たな光の下に見ることを学び、新たな意味を理解するのである(もう少し正確には、この過程は「あいつ」という項に「狼の相貌」という項を結びつけるということではなく、「あいつを狼として見る」という話し手の活動の全体がなぞられたのだと言うべきだろう)。

前に私たちは隠喩を「なぞらえ」として考えた。「なぞらえ」とはAをBとして見ることであり、それはBに典型的に表れる「らしさ」をAにも見るということであった。だが「として見る」とは、Bを見る心身態勢をAに転用することである。そしてこの心身態勢はBの相貌を手掛りに「なぞり」によって生成されるのである。つまり「なぞらえ」という過程は「なぞり」という活動によって媒介されているのである(この「なぞり」という身体活動を抜きに意味が理解されるようになるとき、隠喩はいわゆる「死んだ隠喩」となるのだろう。「椅子の脚」のように)。

幼児の世界認識はロゴス的カテゴリーによってではなく、心身態勢の型によるものであった。はじめにあった意味はロゴスではなく「らしさ」であった。とすれば、最初の思惟は、二つの対象を論理的同一性によって結び付けるもの（推論）ではなく、自分自身の二つの経験（心身態勢の型）が似ているという自覚ではあるまいか。逆に言えば、自分の現在の経験と同じ型の経験を過去に探そうとすることではないか。いうまでもなく、これは「なぞらえ」の活動である。この「なぞらえ」に成功し、似たような型のいくつかの経験が最も典型的な事例を中心に集められたとき、一つのカテゴリーが成立したと言ってよいであろう。このときカテゴリーの概念とは、典型事例のもつ「らしさ」の総体である（典型事例そのものではない）。カテゴリーのメンバーはしばしばカテゴリーの典型事例の名前（代表詞）で呼ばれる。幼児の場合は正しい用法として。大人の場合は意図的な文法逸脱として。隠喩と呼ばれる現象の始まりである。だがいずれにせよそこで行われているのは「なぞらえ」であり、それに意味を受肉させているのは「なぞり」の活動なのである。

幼児は成長すると世界はロゴス的なものであると考えるようになる。そして世界を記述する言語もまたロゴス的であると思うようになる。とりわけ正確であるべき言述（たとえば論文）はひたすらロゴス的であることを要請される。即ち、客観的であること。論理的であること。概念は明確に定義されていること。ブラックが言ったように、哲学論文に隠喩を用いることは禁忌となる（実は哲学だけではないが）。

しかし文学は、とりわけ詩歌は隠喩を用いる。いや隠喩だけではない。さまざまなレトリックを縦横に駆使する。その効果は何か。レトリックは読み手をロゴス的構造の世界から「らしさ」の世界へ、対象的認識から身体的認識へと引き戻すであろう。言葉はもはや外在的情報を伝えるものではなく、読み手の身体を場として改めて意味を受肉させ、理解させ、頭ではなくからだで納得させるであろう。だからこそ優れた詩は（そしてすべての芸術は）、私たちを原初の意味生成の現場へと連れ戻し、世界を新たな眼で見ることを、いや生きることを教えるのである。

（1）生田久美子『「わざ」から知る』東京大学出版会、一一頁
（2）同、一七頁
（3）同、二一頁
（4）青木孝夫「能楽の〈型〉について」、『日本の美学』一三号、四〇―六〇頁
（5）H・ウェルナー『発達心理学入門』園原太郎監訳、ミネルヴァ書房、七三頁
（6）同、七五―七六頁
（7）同、七〇頁
（8）尼ヶ崎彬『日本のレトリック』筑摩書房、一一〇―一二五頁参照
（9）尼ヶ崎彬編『芸術としての身体』勁草書房、序論参照
（10）竹内敏晴＋佐伯胖「対談『からだ：認識の原点』をめぐって」、佐々木正人、前掲書、一九三頁
（11）同、一九四頁
（12）M・メルロ＝ポンティ「言語の現象学について」、メルロ＝ポンティ他『現象学の課題』高橋允昭訳、せりか書房、一〇五―一三六頁
（13）佐々木正人、前掲書、一五二頁
（14）生田久美子、前掲書、九七頁

(15) 同、九三頁
(16) 同、九七頁
(17) ヘイグ・ハチャドゥリアン「上演芸術における動きと所作」渡辺裕訳、尼ヶ崎彬編『芸術としての身体』勁草書房、二〇六―二三八頁
(18) 栗本慎一郎『意味と生命』青土社、二二一頁
(19) 宮崎清孝＋上野直樹『視点』東京大学出版会、一六五―一七五頁
(20) 生田久美子、前掲書、九四―九五頁
(21) 同、九五頁
(22) 富士谷御杖「歌道挙要」、富士谷御杖集　第三巻、国民精神文化研究所、五六四頁
(23) 宮崎清孝＋上野直樹、前掲書、一三九頁
(24) 同、一四三頁
(25) 同右
(26) 同、一五三頁
(27) 同、一六九頁
(28) 同、一六八頁
(29) 同、一六九頁

結びにかえて――言葉についての一寓話

何万年昔のことだったか。

地上を奇妙な形で走る動物がいた。肢体の所作は不合理で、当然速度は遅かった。命をかけた全力疾走でさえ、普通の動物からみれば、這っているに等しかった。彼らが遅かったのは、たった二本しか足をもっていなかったからだ。しかし彼らは言葉をもっていた。そして自分たちのことを「ひと」と呼んでいた。

ひとは、より速く走ろうと、動物たちの姿態をまねた。犬のまね。虎のまね。馬のまね。しかし全身の骨と筋肉をいかに操っても、四つ足の動物たちの動きをなぞることはできなかった。あいかわらず豚よりも遅かった。にもかかわらず、ひとはどの動物よりも強かった。ほかの動物にはないもの、二本の手をもっていたからである。

けれども、恐怖と苦難の末闘いに勝ち、腹一杯食べたあと、ひとは何か満たされぬものを感じるのだった。その理由は空を見上げるとすぐわかった。空には、地上の全ての動物を縛る引力の鎖を断って、やすやすと飛翔する生きものの群がいたからだ。それらは、日々のひとの闘いをよそこに、優雅に浮かび、自由に去来し、風の中を遊んでいた。ひとは両手を上下にばたつかせ、精一杯その動きをなぞってみた。しかし、当然ながら、からだは小指の先ほども浮かびはしなかった。

ある日、ひとが丘の上に立ち、眼下に野を俯瞰しつつ、いつものように全身を揺るがせ、空飛ぶ生きものの所作をなぞっていた。風が丘の下から彼を襲った。目を閉じると、彼は自分が風を割って進んでいるのを感じた。吹き抜ける大気に意識を集めると、既に空中にいるように思われた。彼は口から音を発した。「とり！」そうだ、俺はとりなのだ。彼はこの生きものを「とり」と命名した。

この呼び名はたちまち仲間に広がった。誰もがこの生きものを好きだったからだ。危険な敵や食料となる動物には既に名前があったが、この空の生きものにはまだ名前がなかった。しかし、これについての思いを語りあい、分かちあうためには名前がいる。「とり！」これでいいじゃないか。ひとびとは「とり」と口にするたびに、全身の筋肉が緊張し、空に向かって身構えているのを感じた。既に死の床にあって動けない者でさえ、想像の中で動きをなぞり、目に涙を浮かべるのだった。

やがて何万年かのち、ひとは外の世界のものを一通り名づけおえると、今度は心の動きを省みて、これをいちいち分類し、名づけ始めた。空を見上げて悲しげな目でとりを送りながら、ひとは呟いた。

「俺の今の心理はいわゆる『憧憬』にあたるな」

この頃からだった。とりがさまざまな種類に分けられ、「つばめ」とか「かもめ」とか呼ばれるようになっただけでなく、とりの分類体系などというものが考案されはじめたのは。地上を疾駆する二本足の生きものが「駝鳥」と呼ばれて鳥類に分類されたとき、いささか不審ではあっても、たしかにこれは鳥の形をしていた。しかし水中を巧みに泳ぐことはできるけれども、飛行はおろか歩行さえはかばかしくない「ぺんぎん」が鳥であると宣告されたときには、どうもおかしいんじゃないかと思うひともいた。けれども「科学的」な基準は反論を許さぬほどに明確であった。「鳥」が何であるかは、空飛ぶ能力によってではなく、その解剖学的器官がいかなる進化の結果であるかの体系的解釈によって定義された。そしてこの定義的特徴は、やがて分子生物学によって厳密に決定された。

さらに何千年かたった。地上にはひとが増え、もはやひと以外の動物を養うほどの植物を栽培する余地がなくなってしまった。地上には、ひとと、ひとのための諸施設、住宅とか道路とか食料生産施設などしかなくなった。海中には食用のための魚が泳いではいたが、もはや空中には一羽のとりもみられなかった。「とり」は伝説の生きものとなった。

ある日、すべてを知る機械にひとがたずねた。

「とりとは何か?」

機械は答えた。

「鳥とは以下の遺伝子的特徴をもつ生物である。即ち……」

ひとは伝説を思いだして、問いかたを変えた。

「とりは飛ぶというのは本当か？」

「鳥のあるものは空中を飛翔し、あるものは水中を泳ぎ、あるものは地上を高速で走行する」

ひとは感動した。言い伝えは本当だったのだ。空飛ぶ生きものは実在したのだ。

「それはすごい！　じゃ、とりはこの世でいちばんすばらしいからだを持った生きものなんだ」

「すばらしい？　どうして？　鳥のあるものは二階から落とせば死に、あるものは水につければ死に、あるものは地上を幼児よりも遅くしか走れないのだよ」

すべてを知る機械は肉体をもたないことを思いだし、ひとは問答をやめて外に出た。そして空に向かって全身の筋肉を揺るがして叫んだ。

「とり！」

ひとはからだが風を割って進んでいるのを感じた。

あとがき

私はかつて日本の詩学の歴史を調べたことがある。日本の芸術論の到達点を見ておきたいと思ったからである。しかしそこに見えてきたものは、人間と世界との応接という問題と格闘してきた歌人や思想家の姿であった。ふつう、人は世界とじかに応接しない。既成の認識＝思考のシステムというフィルターを介してこれと付き合う。歌人たちのなそうとしたことは、このフィルターを突き破り、別の形で世界と応接することであった。武器は何か。言葉である。しかし言語という制度は、内なるフィルターを外在化したものにほかならない。とすれば歌人の言葉は癌細胞のごとく、自らの属するシステムを内部から喰い破るのである。それはいかにして可能か。通常の言語操作とは異なる原理で言葉を扱うことによって。その原理を本居宣長は「あや」と呼んだ。言葉のあや、つまりレトリックである。

ただ先人たちは、自らが駆使したレトリックそのもののからくりについて十分な考察を残してくれてはいない。それも仕方がない。彼らにとって大事なことは研究よりも実践であり、それゆえ手段の分析よりも、いかなる手段が有効かという検証の方に関心があったのだから。レトリックの機構と意義の解析は、彼らの問題を引き継ぐ者の、つまり私たちの課題であるだろう。

言うまでもなく、レトリックが詩歌において力を発揮するのは、それがただ通常の認識＝思考の原理を逸脱しているからではない。つまり単なる破壊にあるのではない。私たちがあまり自覚してはいない、しかし確実に保有している別種の認識＝思考の原理に基づいて言葉を用いるからである。従って、レトリックの機構を探ってゆけば、それは言葉が形をとる以前の、半ば無意識の心の働き方の仕組みを探ることになるだろう。いや、ひょっとしたら、それはもはや「心」の働きでさえないかもしれない。

たとえば、古来レトリックに対する批判の一つに、読者の頭の悪いのにつけこんで理屈に合わぬ事をもっともらしく見せかけるトリックではないか、というものがある。確かにレトリックは論理の厳密よりも説得の効果のみを目指していると思えることがある。しかしこれを裏から考えれば、私たちが何事かを納得するとは、実は論理以外の作用によるのではあるまいか。昔から深く了解することを「腑に落ちる」とか「腹にはいる」とか言う。これら内臓の比喩は、「納得」が論理の回路を超えた一種の身体感覚であることを示唆してはいないだろうか。つまりレトリックとは、言葉による身体への働きかけという一面をもっているのではないか。いや、むしろこう言おう。私たちの身体は頭のほかにもう一つの認識＝思考の回路をもっており、それを言葉に表そうとしたものがレトリックではないのか。とすれば、レトリックの問題は言葉の問題というより、言葉を窓口として現象する、私たちの心身内部の仕掛けの問題ということになる。

これはレトリック問題の一つにすぎないかもしれない。けれども私が先人から引き継いだと信じた課題は、このような人間の心身のもう一つの回路としてのレトリックであった。本書はこの課題にこたえようとした私自身の手探りの軌跡である。

考えを進める上で参考になったのは、言語学や美学よりも、認知科学の最近の成果であった。とりわけ佐伯胖氏の数々の仕事は、本書中に引用こそしなかったが、大きな刺激となったばかりでなく、見当外れなことをしているのではないかという私の不安を取り払ってくれた。また佐伯氏とともに認知科学の前線を切り拓いている若い学者たちの研究から多くを学んだことは注記が示す通りである。中でも宮崎清孝氏には、文献の入手をはじめいろいろと配慮をいただいた。ここに感謝の意を表しておきたい。

本書もまた勁草書房の伊藤真由美さんの手によって世にでる。こりずに面倒をみてくださる伊藤さんにはくり返しお礼を申し上げたい。

平成元年十月

著　者

『セレクション版』のためのあとがき——尼ヶ﨑彬

文字の航跡——その3

一九八八年四月、私は勤務先の大学から一年のサバティカル（研究休暇）を認められ、コロンビア大学客員研究員としてニューヨークに住むことになった。私はこの間に新著を一冊書き上げようと計画した。大学教員という職は案外忙しく、夏休みくらいしか執筆に集中できる期間はない。それでも論文くらいならなんとかなるが、文字量が一桁違う本を書き下ろすというのは私には無理だった。重いワープロ専用機をしっかりくるんで別便で送り、私は飛行機に乗った（当時はまだパソコンではなくワープロの時代だった）。

その二年前から妻がニューヨーク大学に留学しており、私たちの住居は彼女がその近くに用意していた。高層ビルの並ぶ中心部から南に外れたダウンタウンに、グリニッジ・ビレッジと呼ばれるかつては尖った芸術家の溜まり場だった古い街がある。その東側のイースト・ヴィレッジには当時の面影が残っていた。西側はウェスト・ヴィレッジと呼ばれる低層住宅街で、ニューヨークの特徴である碁盤の目のような地図がここだけ狂っている。そこで築百年を超えるアパートの三階を借りた。エレベーターも洗濯機の置き場もないがスチーム暖房はあった。冬には零下二十度にもなるのだから当然だ。しかし夏には四十度を超えることもあるのにクーラーはなかった。

ただ交通の便はよかった。市街を南北に縦断する地下鉄A線の駅が近くにあり、これで北上すればコロンビア大学へは一本で行けた。途中下車すればオペラやバレエの本拠地であるリンカーンセンターが、南にブルックリンへ下ればピナ・バウシュなど世界の先進的な舞台芸術を上演する劇場（BAM）があった。グリニッジ・ビレッジにもいくつかの小劇場があって実験的な舞台が試みられていたし、ジャズが聞きたければブルーノートが一流のジャズマンたちのライブを提供していた。だが何よりも私にとって刺激的だったのはグリニッジ・ビレッジの南側に広がるソーホーと呼ばれる地域である。ここは元倉庫街で家賃が安かったため、広いスペースを求める若い美術作家たちがスタジオとして借り、彼らの成功と伴走するように現代美術専門の画廊が集まり、いつの間にかアメリカの、いや世界の美術界の中心地になっていたのだ。私はよくソーホーまで脚を伸ばして画廊めぐりをしたが、そのたびに新しい美術観、世界観を突きつけてくる新作に驚かされた。現代芸術の最先端は美術界にあるし、現代美術の新しい風はみなソーホーに集まっているという印象をもった。少なくとも、それが一九八八年の状況だった。

コロンビア大学に挨拶に行くと、ちょうどドナルド・キーン教授が日本へ行って研究室が空いているから使ってもいいよと言われた。部屋を見せてもらうと、日本の私の研究室よりはるかに広く、天井も高く、全体の雰囲気がとてもいい。ただクーラーはないという。私は厚意を謝して辞退した。そしてダウンタウンの電器屋で小さなクーラーを買い、自分でアパートの窓に取り付けた。机には月給の倍以上をはたいたワープロがある。これで準備完了である。

新著のテーマは、精神と身体という西洋的二元論の枠組から抜け出すことだった。なぜそんなことになったのか、背景を少し書いておきたい。

西洋哲学の始まりはギリシアにあると言われる。紀元前のギリシアでは「ロゴス」（言語・論理・真理・理性・精神などを意味する）が世界の根源的な原理とみなされていた。本来は神に属するものだが、人間の精神はそれを理解し、語ることができるという。そこでアリストテレスは「動物のなかで人間のみがロゴスをもつ」とした。身体は動物みんなにある。人間が他の動物よりえらいのはロゴスがあるからというわけだ。新約聖書はギリシア語で書かれたが、ヨハネ福音書の冒頭に「初めにロゴスありき」とあり、そのあとにロゴスは神であり、全てはロゴスによって成ったといった文が続く。こうして神と人間はロゴスを共有し、人間と動物は身体を共有するという図式が普及する。そして一七世紀のデカルトが存在するものを物質と思考とに二分し、心身二元論が確立される。その後さまざまな批判を受けながらも、人間を精神と身体に分ける二元論は近代まで思考の枠組として基本的に保持された。

二元論において対置される二つはたいてい平等ではない。西洋の伝統では「精神」が上で「身体」が下となる。中でも大きい影響力を持ったのはキリスト教である。その教えは「魂」を持ち上げ、身体を蔑視する。このような理性的精神を尊び感情的肉体を動物的とみなす図式の影響は芸術にも及ぶ。十九世紀後半、音楽美学の祖とされるハンスリックは感情を揺さぶるワーグナーらの音楽を批判し、音の「形式」だけが音楽だとしてブラームスを称揚した（ブラームス自身は迷惑がったようだが）。二十世紀でも教養を自負する人々はクラシック音楽を高級な芸術として好み、ロックなどは低級な娯楽だとみなした。和声などの数学的構造を静かに聞くのは精神的だが、リズムに同調して身体を揺すったりするのは身体的だというわけだ。私が大学院生だったころ、研究室の発表で身体感覚による隠喩の事例としてJポップの人気歌手が友人の女優について語った「軽い人格、重い演技」という言葉を引いたら、こういう場に不適切だと叱られた。古典か純文学の引用ならよかったのかもしれない。

半世紀前の日本の美学界の本流は西洋美学の歴史研究であり、学会ではカント美学とかヘーゲル美学とかの精緻な研究報告がなされていた。ところが研究室に届いたアメリカの美学会誌を見ると、過去の美学の研究よりも自分自身で発見したテーマの論文が多いことに驚いた。権威ある名著の注解のような作業よりも、オリジナルな思考が評価される風潮がアメリカの学会にはあるようだ。いや、むしろオリジナルでなければ評価しないという雰囲気があるのかもしれない。そして同じ雰囲気はより強烈にソーホーにあり、さらにアメリカ文化の風土全体にあるように思えた。

明治期に日本の学者たちは留学して西洋近代の学問を学び、これを日本に持ち帰って守り伝えようとした。美学もその一つである。明治以前には「美学」という言葉も学問もない。日本の美学者たちは、江戸時代の学者が中国伝来の儒教や仏教がどういうものかを研究したように、西洋伝来の美学がどういうものかを研究したのである。もちろん日本の美学界で日本の美の伝統が無視されたわけではないが、それは西洋の「美学」という学問の枠内で処理された。たとえば大西克礼の幽玄論がそうである。西洋美学にはさまざまな美を「崇高」とか「優美」などに分類する美的範疇論というのがあるが、大西は日本の「幽玄」をそこに加えようとしたのだった。つまり西洋美学の既存の枠組の中に日本的な要素を位置づけようとしたのである。

けれども日本には平安時代から和歌についての議論があり、自然や芸術についての思考の歴史がある。私はそれを西洋美学の枠組にこだわらず研究しようと思った。その代表と言える宣長の「もののあはれ」論は、中国の（とりわけ儒教の）理性重視に対して日本人の感性重視の生き方の価値を説くものであった。西洋風に言い換えれば、理性的精神に対する感性的身体を重視するものである。

もちろん詩歌は言葉をメディアとする。つまり言葉は理性のメディアにも感性のメディアにもなる。そこで日本の歌論は古来「ただの詞《ことば》」と「歌詞《うたことば》」とを区別してきた。宣長は概念と論理による思考の伝達という仕事は前者のものだとする。そして「歌詞」は「ただの詞」では伝えられない感情（宣長風に言えば「もののあはれ」）をレトリックによって伝えるものだとする。たとえば「私は悲しい」と言って「悲しみ」という概念は伝わるけれども、その感情が伝染するわけではない。伝染するには共感という作用を引き起こすしかない。レトリック（ことばの「あや」）という技法はそのために開発されたとするのだ（ただし小説の場合はただの詞でも詳細に状況説明することによって共感を喚起できるとする）。宣長に言わせれば、理性は社会秩序とか実利などを考えるもので、たしかに生活の安定に必要なものだが、人生を深く豊かに経験するために必要なのは「もののあはれを知る」ことなのである。

前著『日本のレトリック』はこれを主題として考察し、理性的言語が言葉を概念として操作するものであるのに対し、レトリックは「共感」のための技法であることを語り、「共感」のために必要なのは視点の共有とか「なぞり」による身体的同調であることを示した。要するに「身構え」の切り替えに伴う心身の「実感」である。だがこれでレトリックという特殊な言葉における身体的要素は語れるかもしれないが、通常の言語には当てはまらないというのが当時の言語観だった。だから私がやらねばならないのは、「レトリック」は通常言語からの逸脱や特殊例というわけではなく、むしろ「レトリック」にこそ言語の本来の形が現れていると主張することだった。

ここでこの二元論を言語の理性的理解と感性的理解というふうに言い換えると、日本にはおもしろい言い方があることに気がついた。「頭でわかる」に対する「腹でわかる」とか「腑におちる」という言い方である。そして日本人の評価は「頭」よりも「腹」の方に軍配をあげる。つまり言語の理性的理解よりも感性的あるいは身体的理解のほうがほんとうの理解だとみなしているのだ。これは、概念を喚起する言葉よりも「心身態勢」を喚起する言葉のほうがより本質的だということではないだろうか。

「心身態勢」とは姿勢や運動などがもたらす肉体の内部感覚（体性感覚）だけでなく、視聴覚の感覚や外部環境の認知情報などを含めて得られる「今・ここ」の状況に対する反応として生起する身体と情動（emotion）の状態である。この「情動」を意識の対象として捉え、喜怒哀楽などのラベルを貼ると「感情」（feeling）となる。つまり感情は概念的認識の対象となるけれども、情動は私たちを摑み、突き動かしているものだからうまく対象化できないし、言語化もできない。情動が声となって出ることはあるが、それは「ウワー」とか「オオー」といった言語以前の叫びにしかならない。もう少し気分に忠実に言おうとすると、「スカーッ」とか「ウキウキ」とかいった音になる。これらオノマトペは概念をもつとは言い難いが、何を言いたいのか他人に伝わるから言葉の一種ではある。このような情動と身体の状態とを合わせたものが「心身態勢」である。そして特定の状況下で人は特定の心身態勢の型を生起するし、それを記憶する。だがそれを表す言葉は辞書にないことが多い。そういう時、似た心身態勢の「型」をもつ別の状況を思い出してその言葉を使う。それが「たとえ」である。

いうまでもなく「たとえ」は詩歌によく使われる技法である。ではなぜ詩歌は「たとえ」をよく使うのか。詩歌の「意味」を理解するとは、「腹」や「臓腑」に生起する何かを経験すること、つまり思いがけない心身態勢のあり方が「身に沁みる」ことであるからだ。

しかしロゴス的言語観にこだわる人は言うかもしれない。比喩は言語の副次的用法であって、定義的意味を論理的に操作することが言語の本来のあり方だと。本当にそうだろうか。そこで本書の後半では言語が人間にとって当初いかなるものであったかを調べてみた。まず幼児が言葉を覚えるときは、言葉の形（ラベル）と共にその言葉が使われる状況が一体として捉えられているという。人が特定の「もの」を焦点とした状況に対して特定の心身態勢の記憶を結びつけるとき、それは「もの」の「意味」のはじまりとなる。

子どもが三歳くらいになると、眼前にない「もの」を指す単語を頭の中に思い浮かべ、眼前の状況と切り離して意識できるようになる。このときその単語は、「もの」の客観的特徴(外形や用途など)だけを意味している。つまり概念である。以後子どもは大人のように言葉を道具として抽象的思考ができるようになる。このとき言葉は「概念」だけを「意味」とする「記号」となるのだが、この仕組みを言語の本質だとみなすことがその後の言語理論の大勢を占めた。だがそうは考えない言語学者(時枝誠記ら)や哲学者(メルロ＝ポンティら)もおり、本書はその末端につながる。

ここで問題は「言葉の意味とは何か」ということになるのだが、その前に「意味」とはどういうものか、もう一度反省しておこう。ふだん意識しないが、じつは私たちは言葉ならぬ事物にも「意味」を感じている。それは失われて初めてわかる。ある離人症の患者は「鉄を見ても重そうな感じがしないし、紙切れをみても軽そうだと思わない」と言った。これは鉄に「鉄らしさ」を、紙に「紙らしさ」を感じないということだ。逆に言えば、ふつう私たちは「紙」に対して「軽さ」という身体感覚を感じとり、そのときの心身態勢の「型」を「紙らしさ」として、つまり紙の意味として捉えているのだ。この「軽さ」は重量計の指す数字ではなく、身体感覚である。だから友人の女優を「軽い人格、重い演技」というのは言葉の用法として少しも不自然ではない。言語学者がそれを「軽さ」や「重さ」の定義とは違うと文句をつけるとしても、たいていの人は何の違和感もなく理解するだろう。「軽さ」の意味を身体で知っているからだ。

もっとも、私たちはモノの「らしさ」を「心身態勢」として記憶しているといっても、それは自転車の乗り方の記憶と同じ暗黙知であって、身体に呼び起こすことはできても意識上で概念や図像のような「対象」として把握することはできない。ただその心身態勢の感じだけはわかっており、それが「らしさ」の意味なのである。この身体的意味こそ人間が学ぶ原初的な意味であり、基本的な意味なのである。そして言語をもたない動物が世界に見出す意味とはこういうものであろう。

かつての哲学は、世界の現実を言語によって正確に説明しようとしていたが、いわゆる「言語論的転回」以降の哲学は、逆に言語が人間の世界認識を構成するのだとした。とすれば言語なしに世界の事象の分類、認知はできないということになる。本当にそうだろうか。先人の研究を見ると、何らかの事情で言語を学ぶ機会のなかった人も言語を学んだ人と同じくらい世界を分類、認知しているという。ただ認知した事物にいちいち言葉という記号のラベルを貼っていないだけなのだ。おそらく動物も同じだろう。そうでないと危険を避け、食料を得ることさえ難しい。彼らもまた世界を「型」によって切り分け、そこに「意味」を見出しているのだ。ただその「意味」が対象についての概念ではなく、自分の「心身態勢」の型なのだろう。つまり世界について考えるときには言語が必要かもしれないが、世界を生きるためには必ずしも言語は必要ではなく、その場面のタイプごとの「心身態勢」の型の習得が必要なのだろう。その「型」が多くの人に共有されるとき、それはオノマトペから一歩進んだ音のラベルを得るかもしれない。たとえば無力な小動物に対して生じる筋肉のゆるみという身体反応と抱き上げたいという衝動の生起は、「かわいい！」という感嘆詞を与えられるかもしれない。

これらをまとめて言えば、おおよそ次のようになるだろう。まず「意味」には二種類ある。辞書的意味と「もの」の意味である。辞書的意味とは概念であり、辞書に書かれているような意味である。「もの」の意味とは「もの」に対した時の心身態勢に生じる感覚であり、つまりは「らしさ」である。通常の文が「もの」の名をだすとき、それは辞書的意味と「もの」の意味と二つの意味を伝える。しかし比喩として「もの」の名前を使うとき、辞書的意味は働かず、ただ「もの」の意味だけが働く（たとえば「ドン・キホーテ」という言葉に辞書は西暦何年に作家誰某が書いた小説云々といった説明をするだろうが、「あいつはドン・キホーテだ」という文を今読んでいる読者にとってそんなことはどうでもいい）。だから読者の心身を揺り動かしたい詩歌は「たとえ」をよく使うし、「たとえ」でなくとも「もの」の意味を喚起しようとする。「春の花」はウキウキするものだし、「秋の夕暮」は身に沁みるものなのである。なお大事なことはこの二種の意味は同時に生まれたものではないということである。はじめに「もの」の意味が学ばれ、そのあとで辞書的意味が学ばれる。動物や幼児は「もの」の意味の段階でとどまっている。つまり初めにあったのは「ロゴス」ではなく心身態勢の感じなのだ。理性的認識は身体的実感のあとにやってくる。だから「頭」でわかるよりも「腹」でわかるほうが人間にとっては深いとされるのだ。

以上が本書のおおまかな話なのだが、私の思いつきを並べても説得力はない。そこで先行研究を調べて細部の裏付けをとっていった。とりわけ一・二章の、当時主流であった要素分解的・構造主義的言語論を否定する部分では話が細かくなりがちで、読みにくくなった。そこで本筋から外れた注記的説明は「補記」として文字を小さくした（ここは興味がなければ読まなくても結構です）。本書の前半は主に先人の言語研究を、後半は認知科学の成果を利用させていただいた（当時はまだ他人の「身構え」をなぞるミラーニューロンが発見されていなかったのが残念だ）。そして最後に、あとがきに代えて一つの寓話を書いた。これは言語というものの原初的なあり方をわかりやすく示すつもりだったのだが、あまり出来がよくなかったようで、反省している。

翌年帰国すると日本は昭和から平成に変っていた。久しぶりの日本の風はなまぬるく、私は毎年一度ニューヨークであの肌を刺すような風を浴びようと思った。だがそれも長くは続かなかった。まもなくアメリカ現代美術の動向を反映するホイットニー美術館のビエンナーレでは政治的内容をもつものが主役となり、白人の警官が黒人を殴りつけるビデオを延々と流していた。私はソーホーの黄金時代が終ったのを感じた。そのころピナ・バウシュに衝撃をうけたこともあって、私の同時代芸術への関心は美術から舞踊に移り、舞台評を書きはじめたのである。

現在出版界は不況でとりわけ研究書は売れないという。そのせいか研究者の全集はもちろん、選集でさえ出ることは稀である。だから花鳥社の橋本孝さんからセレクションの企画を聞いたときは耳を疑った。商業的には成功しそうもない出版を実現してくださったその心意気にはほんとうに頭を下げるしかない。また全巻の装幀を引き受けていただいたモトモトの松本健一・佐藤千祐のお二人の仕事にも感謝しておきたい。各巻の出来ばえもさることながら、本棚にセットで並べたときの強いけれども落ち着いた存在感が好ましい。

今回「『セレクション版』のためのあとがき」を書くために、思いがけず昔の自分の文章を読み返すことになった。初期の評論など今読むと恥ずかしくてたまらない。とはいえ、右往左往しながらここまで来た文字の航跡を辿ると、年のせいだろうか、いろいろ書いてきてよかったなと思う。それらの機会を与えてくださった方々に改めて感謝したい。

■著者紹介

尼ヶ﨑彬（あまがさき　あきら）

1947年愛媛県生まれ。東京大学大学院人文科学研究科博士課程中退（美学芸術学専攻）。

東京大学助手、学習院女子短期大学助教授を経て2017年まで同女子大学教授。美学、舞踊学。

著書に、『花鳥の使』（勁草書房、1983年）、『日本のレトリック』（筑摩書房、1988年）、『ことばと身体』（勁草書房、1990年）、『縁の美学』（勁草書房、1995年）、『ダンス・クリティーク』（勁草書房、2004年）、『近代詩の誕生』（大修館書店、2011年）、『いきと風流』（大修館書店、2017年）、『利休の黒』〈尼ヶ﨑彬セレクション1〉（花鳥社、2022年）、『花鳥の使』〈尼ヶ﨑彬セレクション2〉（花鳥社、2023年）、『日本のレトリック』〈尼ヶ﨑彬セレクション3〉（花鳥社、2023年）など。

ことばと身体

［尼ヶ崎彬セレクション 4］

二〇二三年七月十五日　初版第一刷発行

著者……尼ヶ崎彬

装幀……株式会社　モトモト［松本健一／佐藤千祐］

発行者……橋本 孝

発行所……株式会社　花鳥社
https://kachosha.com/
〒一五三-〇〇六四　東京都目黒区下目黒四-十一-十八-四一〇
電話〇三-六三〇三-二五〇五
ファクス〇三-三七九二-二三二三

ISBN978-4-909832-64-1

組版……ステラ

印刷・製本……モリモト印刷

尼ヶ﨑彬セレクション2　「あや」はそこに見えてはいないものやことを見えさせる

花鳥の使　歌の道の詩学

颯爽たる一冊だった。……序文からよかった。

宣長を引いて、言葉には二つの種類があるという話から始めている。二つとは「ただの詞（ことば）」と「あやの詞（ことば）」だ。「ただの詞」は世のことはりをあらわし、「あやの詞」は心のあはれをあらわす。「あやの詞」は「ただの詞」のあらわす内容をより巧みに表現するのではなく、「ただの詞」ではあらわしえないものを語る。この「あや」をもってあはれをあらわす文学様式が、すなわち和歌なのである。

古代語の「あや」とは文であって綾であり、またあやかしであってあやかりである。物事や現象にあらわれる文様や表飾が「あや」である。文身（いれずみ）も「あや」だった。そこから妖（あや）しいも怪（あや）しむも操（あやつ）るも肖（あやか）るも躍り出た。船が嵐に翻弄される時に海にあらわれるものをあやかしと名付けたのも「あや」のせいである。中世人にとっては道理や条理の理ですら「あや」だった。

その「あや」をもって言葉をつかうとは、そこに見えてはいないものやことをあらわす作用を発するということである。見えないから見えさせる。それが和歌の動向になる。この見方が秀抜だった。

松岡正剛氏解説より

【構成】

四六判上製全332ページ　本体価格3200円

尼ヶ崎彬セレクション３　和歌を語りながら、現代短歌に直結する古典和歌の歌論群

日本のレトリック

……せっかく作り出された作品が、ほとんど論議される機会もなく、消えていく運命にある。一首の滞留時間が短くなっているのである。皆がただ自分の作品を送り出すだけで精一杯で、同時代の他の作品を〈読む〉余裕を失っている。同時代性という概念自体が消失しようとしているのである。これでは作品行為自体が自己満足でしかないだろう。……

この問題は、現代短歌の分野では、まだあまり真剣に議論された事はないが、真に憂慮すべき問題であるだろう。尼ヶ崎氏が、定家の本歌取を論じて、「彼は読者の前に、通常の物の見方をするかぎり見えない世界の扉を打ち開こうとする。そのために、彼はまず通常の〈型〉を引き、同時にこれから脱出する工夫を加えるのである」と言い、さらに「彼は周知の情念の〈型〉を引用しつつ、月並な見方ではそれと両立しがたい『もの』を配する。心と物の照応という効果が生じ、読者は世界をかつて知らなかった『眼』で見はじめる。このような享受の過程は、本歌という確立された一つの〈型〉を踏み台としなければ、容易には生じないであろう」と述べているあたりから、表現の基本的な問題として、現代短歌の状況論が展開されてもいいな、などと思わせる。私が繰り返し、単なる教科書や解説書ではないと強調してきた所以である。もっとも基礎的な論考が、もっともラディカルに状況を照射するという例を、この一冊に見るように思う。

……尼ヶ崎氏の指摘は、古典和歌の歌論を語りながら、しかもそのまま現代短歌に直結するものであるところが魅力なのである。

永田和宏氏解説より

【構成】

一　仕立て―仕組まれた場違い　二　見立て―視線の変容　三　姿―見得を切る言葉
四　対句―意味に先立つ形　五　寄物陳思―思いに染まる言葉　六　掛詞―話題の交錯
七　縁語―言葉の連鎖反応　八　本歌取―創造のための引用　あとがき
解説　永田和宏　『セレクション版』のためのあとがき

四六判上製全２５２ページ　本体価格２７００円

花鳥社